HOMMES, JE VOUS AIME

Brigitte Lahaie

HOMMES,
JE VOUS AIME

Éditions Anne Carrière

Du même auteur :

Moi la scandaleuse, Filipacchi, 1987 ; J'ai Lu, 1999.
La Femme modèle (roman), J'ai Lu, 1999.
Les Chemins du mieux-aimer, J'ai Lu, 1999.
Les Sens de la vie (roman), Michel Lafon, 1994 ; J'ai Lu, 1999.
Le Sexe défendu, Michel Lafon, 1996.
Amour passion (roman), Flammarion, 2001.
D'amour et de sexe, Marabout, 2004.
Osez le sexe selon les astres, La Musardine, 2005.
L'Amour et le Couple, Flammarion, 2005 ; J'ai Lu, 2006.
So sex : Le Nouveau Kama Sutra (en collaboration avec Frédéric Ploton), Seuil, 2006.
Parlez-nous d'amour : Deux regards sur le couple, le désir et la sexualité (avec le père Patrice Gourrier), Flammarion, 2007.

ISBN : 978-2-8433-7514-9

www.anne-carriere.fr

À René, Patrick et tous les autres...

Introduction

Longtemps, j'ai pensé que ma carrière cinématographique plutôt mouvementée avait été induite par l'attitude de mon père. Cet être froid, distant, n'avait sans doute pas su porter sur moi un regard suffisamment admiratif. Alors, pour me réparer, face à la caméra, je me suis offerte à tous les hommes. Après tout, ce fut un parcours initiatique comme un autre. En tout cas, cette expérience m'aura permis de comprendre que j'étais séduisante et désirable bien au-delà de mes espérances.

De nombreuses années plus tard, j'ai découvert que cette aventure, je ne la devais pas seulement à mon père, mais certainement tout autant à ma mère. Non que cette dernière n'ait pas été aimante, mais elle ne me laissa guère de choix quant à ma destinée de femme.

On ne réalisera jamais assez combien il est difficile pour une fille de sortir de l'emprise maternelle, surtout lorsque le père a lui-même jeté l'éponge face à la toute-puissance de sa compagne. Impossible, donc, de compter sur lui pour m'aider à m'épanouir à la sortie de l'adolescence, difficile de choisir une autre voie que celle que ma génitrice avait tant désirée.

Non que ma mère rêvât que sa fille devînt une *sex star*, bien au contraire. Elle eût préféré que je choisisse une vie rangée. Elle-même avait sacrifié sa carrière, pour ne pas dire sa destinée, afin de devenir l'épouse soumise et la mère modèle qu'elle croyait être. J'ai toujours senti qu'il y avait chez elle une sensualité et des pulsions beaucoup plus fortes qu'en moi. Ce désir de vivre des expériences sexuelles m'a poussée malgré moi vers des chemins de traverse.

Elle a subi les frustrations sans faillir. Seulement voilà, il n'était pas question que sa fille ose ce qu'elle-même n'avait jamais pu se permettre. Ces conseils qu'elle me prodiguait et que je n'ai évidemment pas suivis lorsque j'étais adulte, allaient toujours dans le sens de rentrer dans le rang de la société. Mon parcours, je ne l'ai compris qu'il y a finalement peu de temps, l'a terriblement blessée. J'ai été pour elle la preuve vivante que l'on pouvait vivre une vie de plaisir et en être heureuse. Pire, que l'on pouvait être reconnue. À l'inverse de ma pauvre grand-mère maternelle, jugée si durement pour avoir osé aimer en dehors des chemins balisés par la stricte morale des gens du Nord.

Comment pouvais-je, à dix-huit ans, m'épanouir entre un père trop distant et une mère omniprésente ? J'ai adoré ma mère, je l'ai sans doute beaucoup trop idéalisée. Quoi qu'il en soit, ce fut plutôt une bonne mère, mais elle m'a aimée telle qu'elle m'imaginait et non pas telle que j'étais, choisissant à ma place mes tenues vestimentaires et me dirigeant dans mes goûts. Combien de fois l'ai-je entendue me comparer à elle ? Elle me croyait identique, copie conforme d'elle-même, sorte de clone pas tout à fait abouti. Et je l'ai longtemps crue.

Heureusement, mon départ vers la capitale, loin du cocon familial, me permit de choisir une autre voie que celle qu'elle m'avait tracée. Aujourd'hui je peux l'affirmer avec certitude, ma carrière dans le cinéma pornographique m'a permis de me démarquer de ma mère, de me rebeller contre ce milieu bourgeois hypocrite dans lequel tout doit se faire en cachette.

Par mon corps, comme d'ailleurs de nombreux adolescents qui se droguent, deviennent anorexiques ou encore ont recours à des tatouages ou des piercings, j'ai montré à quel point j'étais différente.

Si ma mère ne m'a jamais fait la moindre remarque sur mon passé sulfureux, mon père, lui, a su m'en parler. Il en était presque fier.

Nous ne choisissons pas par hasard notre vie amoureuse. J'ai eu besoin de vivre nombre d'aventures fusionnelles, de passions dévorantes, de rapports conflictuels. J'ai connu des hommes machos, violents, romantiques, attentionnés, chaque expérience m'a aidée de devenir femme. La sexualité permet parfois d'avancer plus vite que certaines thérapies.

J'ai choisi d'être une femme libre et même si cette liberté a été cher payée, aujourd'hui je me sens bien dans ma peau de femme, et j'aime les hommes. Parfois soumise, parfois dominatrice, mais femme toujours.

Chaque femme a une vision différente des hommes et cette vision prend sa source dans la relation qu'elle aura entretenue avec ses parents. C'est pourquoi je me propose de revenir sur les moments forts, intimes qui ont marqué ma relation paternelle.

Si j'ai eu besoin de parler à mon père, c'est sans doute parce que depuis sept ans que je communique avec les auditeurs, j'ai compris à quel point je me situais plutôt du côté des hommes. Je suis une féministe tout contre les hommes.

J'ai fait la paix aussi avec ma mère. J'ai pris la distance nécessaire pour devenir l'adulte que je vous souhaite être. Ce livre pourra peut-être vous aider autant qu'il m'aura aidée durant ces quelques longs moments de solitude nécessaires à l'écriture.

PAPA

Mon cher papa,

Je comprends le choc que tu as dû ressentir en apprenant que ta fille était devenue une *sex star*. Mais je t'en prie, laisse-moi t'expliquer. Aujourd'hui on me respecte et je gagne bien ma vie, je ne dois rien à personne. J'ai suivi tes conseils, papa : tu m'avais dit que pour réussir dans la vie, il fallait utiliser ce que la nature nous a donné...

Tu aurais préféré que je fasse du théâtre. Moi aussi, d'ailleurs, tu sais, je jouais presque toujours la comédie. Ce n'était pas forcément drôle, le plaisir était rarement au rendez-vous. J'aurais pu montrer autre chose, mais de toute façon cela aurait été coupé au montage. Qu'y puis-je si les dialogues ralentissent l'action ?

Souviens-toi. Tout a commencé le jour où j'ai mis ma première minirobe pour aller au lycée. Je l'avais tricotée toute seule. Elle était très courte parce que j'avais hâte de la porter. Tu m'as dit, la voix pleine d'admiration : « Que tu es belle, ma fille ! » Alors, pour que tu sois encore plus fier de moi, je ne l'ai plus quittée, et tous les garçons se sont mis à me tourner autour. C'était la première fois qu'ils faisaient attention à moi. Depuis, je me suis toujours habillée sexy.

J'ai peut-être fait une erreur, mais je préfère la considérer comme une expérience. En tout cas, pour moi, se montrer n'est pas synonyme de se donner. Aujourd'hui, je me sens libre, bien plus libre que maman, et tellement plus libre que les autres femmes. Les hommes me désirent, ils rêvent de m'épouser. Pour une petite provinciale, ce n'est pas si mal.

Pourtant je me sens si seule, papa, et j'ai tellement besoin de ton amour, de t'entendre me dire, comme si rien n'avait changé : « Je t'aime et tu es toujours ma petite fille. » Seulement voilà. Ces mots, « je t'aime », je ne t'ai pratiquement jamais entendu les prononcer. Juste une fois. Je n'ai d'ailleurs pas le souvenir du moindre compliment que tu aurais pu me faire. Tu avais la critique plus facile. Bien sûr, j'ai dépassé cette blessure d'enfant mal-aimée, mais je ressens toujours un petit pincement au cœur lorsque j'entends un adulte dire ces mots d'amour à sa fille, surtout lorsque celle-ci est sortie de l'adolescence. Je conseille toujours aux pères de dire « je t'aime » à leur fille, car le manque de paroles et cette absence de valorisation narcissique m'ont longtemps blessée. Néanmoins, il y a peut-être une juste distance à respecter, surtout au moment de l'adolescence, période durant laquelle il est si difficile pour une jeune fille de se tourner vers les garçons. En ce qui me concerne, papa, tu en as laissé, de la place !

Il y a longtemps de cela, j'étais tombée amoureuse d'un vétérinaire nettement plus âgé que moi. Je me souviens encore de ce jour où il avait voulu me montrer quelques photos de sa fille qu'il trouvait très jolie. Plus il me vantait les qualités de sa fille, plus je ressentais les affres d'une jalousie irraisonnée. La douleur devenait si intense qu'il a fallu que j'invente un prétexte pour m'enfuir et rentrer chez moi en Normandie. Enfin arrivée, je suis allée me consoler auprès de mes animaux. Mais au contact de mes chevaux, sa fille montant aussi à cheval, je ressentis à nouveau les picotements terribles de la jalousie et j'ai éclaté en sanglots. Cependant, il me semblait bien qu'il y avait quelque chose qui n'allait pas dans cette mésaventure. Je ne pouvais tout de même pas être jalouse de sa fille !

De sa femme encore, admettons, mais de sa fille ? Je retournais le problème dans tous les sens sans trouver réellement de réponses à mes interrogations lorsque soudain tu es apparu avec ton visage sombre. Tu avais une expression curieuse, un sourire mi-figue, mi-raisin, et tout s'éclaira. La scène de ce matin-là me renvoyait à ma frustration. À cause de toi, papa, je ne pouvais pas supporter qu'un homme aime sa fille et me le dise trop. Cette révélation me fit mal, mais je me sentis soulagée, même si une fois de plus elle me prouvait à quel point j'avais dû attendre de toi ces trois mots magiques.

Est-ce à cause de cette fêlure que j'ai développé un tel amour pour les animaux ? En tout cas, aujourd'hui encore c'est sur ces « bébés » que se porte un amour de substitution pour les enfants que je n'aurai jamais. N'ai-je pas si souvent, pour la combler, compensé ma solitude pourtant choisie par un nombre excessif de chevaux ? Je me suis souvent demandé d'où me venait cet amour pour la nature et plus particulièrement ma passion pour les équidés.

Aussi loin que je me souvienne, je ne t'ai jamais vu faire de sport, tu avais même une certaine négation du corps. Peut-être que si tu avais su t'autoriser ces plaisirs équestres, tu aurais été moins brimé dans ton corps, peut-être aurais-tu échappé à cette saloperie de maladie de Parkinson. Sans doute, aussi, aurais-tu chevauché ma mère avec plus de brio, du moins si j'en crois ses confidences. J'ai parfois eu envie d'avoir ta version de vos ébats, mais j'avais peur de te choquer en te posant ces questions indiscrètes. Elle ne se gênait pas, elle, pour me donner des détails qui ne me regardaient pas. Cette fuite et ce refuge dans ta maladie t'ont permis de prendre le pouvoir sur une épouse castratrice. En un sens, tu faisais comme ton père. Mais ne trouves-tu pas que le prix à payer était un peu lourd ?

C'est lorsque j'ai acheté ma première propriété à la campagne que j'ai vu s'exprimer ton attirance pour les chevaux. Certes, il était bien tard pour te mettre en selle, mais cela nous a rapprochés tous les deux. J'aime me remémorer nos derniers moments de bonheur partagé. En tant que cavalière, ces années-là, j'avais encore une certaine insouciance et j'étais fière de te montrer mes exploits pourtant bien modestes. Te souviens-tu de cette séance d'obstacles avec ce fameux Phébus, plutôt rétif que volontaire ? Je crois bien que c'est la dernière fois que je t'ai vu rire d'aussi bon cœur. Sur les premiers sauts, tout se passa bien, mais tu as voulu monter l'obstacle. Par orgueil, je n'ai pas osé te dire que la barre était trop haute et j'ai envoyé mon cheval sur l'obstacle, espérant qu'il le franchirait. C'était compter sans son manque de courage mais aussi mon manque d'expérience. Il s'est arrêté net, a baissé l'encolure, et mon corps s'est trouvé projeté par-dessus le vertical. J'avais sauté seule, et je me suis retrouvée sur les fesses, dans le sable, très vexée mais intacte, tandis que le hongre galopait sur la carrière en direction de son box. J'étais furieuse et une sourde colère s'emparait déjà de moi quand je t'ai entendu rire. Tu rigolais comme jamais, tel un gosse qui a fait une farce à sa copine.

« Ah, il t'a bien eue, regarde comme il est content ! » répétais-tu, hilare.

Au dîner, tu as raconté la scène à ma mère avec moult détails.

À présent, je regrette vraiment que tu ne sois plus là pour m'admirer en concours. Car depuis, j'ai fait de nombreux progrès ! J'ai surtout appris à acheter des chevaux généreux qui pardonnent mes erreurs et j'ai compris que vouloir se montrer plus fort qu'eux est une pure utopie. Tu l'avais deviné bien avant moi. Mais à l'époque j'avais encore tendance à me croire invincible.

Quoi qu'il en soit, et même si tu n'es jamais monté sur un cheval, cet animal restera un lien entre nous.

D'autres événements nous ont rapprochés, bien sûr, mais un signe m'a définitivement convaincue que le cheval était le plus fort : le jour où tu nous as quittés, ce fut précisément celui où on me livrait Elna, ma jument alezane, la première monture qui a vraiment marqué ma vie de cavalière. Le destin m'avait envoyé Elna pour supporter ton départ. Le jour de sa mort, j'ai pleuré doublement. Il me semblait te perdre une seconde fois. Et depuis lors, chaque fois que je me sépare d'un cheval, j'ai toujours l'impression de m'éloigner un peu plus de toi.

Certains disent que mon amour pour les animaux est si immense qu'il me faut des bêtes à la « hauteur » : des chevaux et des dogues allemands. Aujourd'hui, en regardant l'état de mon beau canapé en cuir, je ne peux m'empêcher de sourire en imaginant la tête que tu dois faire là-haut. Non que tu n'aimes pas les chiens, mais tout de même, un chien reste un chien, et s'il a la permission de rentrer dans la maison, il pourra tout au plus somnoler sur le tapis.

Notre relation à l'animal est sans doute culturelle. Tes parents avaient un vague corniaud qui dormait à la niche. Autant que je sache, tu as passé toute ton enfance sans la moindre bête à poil. Ma mère semblait plus proche des animaux, mais, comme pour tout autre sujet, elle respectait ta volonté. Pas de chien ni de chat à la maison. « C'est sale et ça sent mauvais », disais-tu. Toi qui pourtant n'avais pas une hygiène irréprochable puisque tu considérais qu'un bain par semaine était bien suffisant !

Combien de fois t'ai-je haï lorsque tu me séparais d'un nouveau compagnon. Tu aimais bien nos pique-niques à la campagne, ils te permettaient de décompresser après une lourde semaine de responsabilités boursières. Certes, tu n'étais pas un sportif dans l'âme, mais la nature t'apportait un véritable bien-être. Et alors que maman s'ennuyait vite, tu pouvais rester des heures à observer les changements dans le ciel. Tu étais un contemplatif qui s'ignorait.

Un dimanche de printemps, tu m'as causé un chagrin incommensurable. J'avais la fâcheuse manie de vouloir récupérer tous les pauvres chiens qui venaient quémander quelques victuailles lors de nos repas champêtres. Je n'ai jamais compris pourquoi. Les chiens errants seraient-ils donc si fréquents dans nos campagnes ? Ou bien était-ce déjà mon destin ? Quoi qu'il en soit, je m'amourachais vite de ces chiens souvent laids, et je me consolais en imaginant que c'était pour ça qu'ils avaient été abandonnés. Nous passions quelques heures ensemble à jouer, puis, en fin d'après-midi, lorsqu'il était temps de rentrer à la maison, je voulais à tout prix emmener la bête avec nous, et chaque fois tu t'y opposais. Alors je montais dans la voiture en larmes, des larmes de peine mêlée à de la colère et de la frustration.

Un jour, un beau dogue beige s'approcha de nous. J'ai tout de suite été éblouie par sa beauté, je m'en souviens encore. Il devait être assez jeune, ses muscles jaillissaient sous son pelage brillant. Son port de tête altier et ses oreilles dressées lui donnaient l'air plus intelligent que bien des camarades de ma classe. Durant tout l'après-midi, il est resté blotti contre ma cuisse. Mes doigts se glissaient sous son ventre un peu rond, j'étais en extase. Cette fois, j'étais sûre que nous ne nous quitterions plus, que ce grand molosse pourrait m'accompagner et deviendrait mon garde du corps. Tu ne pouvais pas me le refuser, nous nous aimions déjà trop. Ma mère l'avait bien compris puisque j'avais réussi à obtenir un oui timide.

J'ai attendu que mes deux frères et ma sœur soient installés à l'arrière de la DS 21, puis je me suis avancée jusqu'à la portière. « Doudou », car je lui avais déjà trouvé un nom, me suivait confiant. Je suis montée et il s'est engouffré, piétinant allégrement mes deux frères et ma sœur qui riaient de bon cœur. Je ne sais pas comment j'ai réussi moi aussi à m'asseoir, mais malheureusement, je ne parvenais pas à fermer la portière, une partie de mon corps débordant de l'habitacle. Stupéfait de mon audace, tu observais le spectacle ; maman, sans doute un peu lâche, attendait assise sur le siège avant. Tu demeuras quelques secondes immobile ; pour moi, c'était gagné. C'était compter sans ta rigueur. Tu t'es approché sans dire un mot et tu as fait un geste que nous avons tous compris sauf, évidemment, le chien. Je me suis mise à hurler.

« Je te déteste, je te déteste ! »

À cet instant précis, j'étais convaincue que tu étais un monstre, je comprenais pourquoi tu ne savais pas rendre maman heureuse. J'étais déjà consciente que votre couple ne fonctionnait plus et dans ma tête d'enfant tu étais le seul responsable, le méchant qui ne comprenait décidément rien à la sensibilité féminine. Mon grand frère Bernard a pris la situation en main. Il est descendu de la voiture et a poussé le chien dehors. Je continuerais longtemps d'entendre ses gémissements déchirants. Comme je vois encore sa course désespérée derrière la voiture.

Je suis restée figée dans mon mutisme des journées entières. Personne, ni ma mère, ni toi, n'a tenté de me consoler. Je me sentais si seule désormais, définitivement seule. Néanmoins, ce premier grand drame qu'il m'a fallu dépasser m'a peut-être aidée à guérir de mes chagrins d'amour futurs, plus douloureux. Cette blessure reste encore en moi. Pourtant je sais bien aujourd'hui que tu m'avais comprise puisque, au Noël suivant, tu acceptas enfin de laisser entrer un chien dans notre foyer. Cette petite bâtarde toute noire n'avait pas la noblesse de mon dogue et, en définitive, je ne m'y suis jamais vraiment attachée. En revanche, toute la famille, et toi le premier, en était gaga.

Plus tard, j'ai enfin pu acheter mon premier dogue allemand. Et j'ai vu ton chagrin lorsque vous avez perdu votre berger allemand que tu adorais. Oui, papa, au fond tu les aimais, les chiens. Sans doute voyais-tu dans leur regard toute la tendresse dont tu avais besoin et qui t'avait manqué dans ton enfance. Difficile de dire des mots d'amour lorsque le ton n'a pas été donné dès le plus jeune âge.

Hier, en rangeant quelques livres dans ma bibliothèque encombrée, je suis tombée sur ce roman, *Trois Frères*, que tu m'avais offert et qui se passait pendant la guerre. Une foule de souvenirs sont remontés. Nous aimions évoquer tous les deux cette époque trouble où tu avais souffert, prisonnier en Allemagne. Sous ton côté un peu fermé se cachait un esprit philosophe et bien plus psychologue que ne pouvait le supposer ma mère. J'aimais t'écouter raconter. Je suis sûre que tu avais souffert bien plus que tu ne l'avouais. Nul doute que ces deux ans de ta jeunesse loin des tiens, dans des conditions si rudes, t'ont forgé le caractère autrement plus que l'éducation somme toute assez classique de tes parents. Tu m'expliquais comment tu filais doux pour rester en vie. Certains de tes camarades préférèrent tenir tête aux Allemands et se firent massacrer. Tu disais que l'intelligence consiste à s'adapter à toutes les situations. À quoi sert l'intellect dans les moments difficiles où le seul but est de survivre ? Mieux vaut parfois plier l'échine pour se sortir indemne de situations délicates.

Est-ce en souvenir de cette époque où tu ne devais pas te nourrir tous les jours à ta faim que tu nous obligeais à manger le pain dur de la veille ? Tu vois, maintenant j'ai un grand sac dans lequel je mets chaque jour le reste du pain. Je le garde précieusement pour mes chevaux et j'ai souvent une pensée pour toi lorsqu'ils croquent à pleines dents ce pain rassis que tu aimais beurrer, ne laissant aucune miette, pas même pour les moineaux que je nourrissais en cachette lorsque tu partais à la banque.

Est-ce de cette période aussi que tu tenais ton sens de l'économie ? Pour toi, un sou était un sou. Cela m'a marquée. À tel point que ce matin, en liquidant mon plan d'épargne, je me suis un peu sentie coupable. Comment expliquer qu'avec un père employé de banque et une mère ayant fait des études de comptabilité, je sois aussi incapable de faire des économies ? Réaction contraire, certes, mais j'imagine que tu dois parfois grincer des dents quand tu vois de quelle manière je gère mon budget, toi qui nous as tellement appris à faire attention !

Ce n'est qu'à la fin de ta vie que tu m'as fait cette déclaration que j'attendais tant. Tu étais bien malade, mais nos rapports ne cessaient de se consolider. Nous devenions proches, si proches que ma mère, se sentant exclue, ne put s'empêcher un jour de me dire : « Tu sais, il fait le malin, mais cela ne l'empêche pas de te traiter de pute ! » Ces mots furent pour moi d'une telle violence, d'autant qu'ils étaient prononcés devant un groupe d'amis, que j'en ai eu le souffle coupé ; cela valait mieux d'ailleurs, ça m'a empêchée de répliquer. J'aurais pu à mon tour me montrer terriblement blessante. Au lieu de quoi j'ai tenté de faire la paix en essayant de prendre ma mère dans les bras afin de lui prouver mon amour, au moins aussi intense que celui que je te portais. La façon dont elle me repoussa alors me fit comprendre à quel point notre relation intime toute nouvelle lui était insupportable.

Ce soir-là, comme tous les soirs, je suis venue te souhaiter bonne nuit avant de rejoindre le groupe d'amis qui m'attendait pour dîner. Tu m'as embrassée tendrement en me murmurant à l'oreille :

« Tu sais, tu as toujours été ma préférée. »

Les yeux bordés de larmes, j'ai répondu :

« Je t'aime, papa. »

Tu m'as regardée, tu n'avais plus tes lunettes, et ton regard avait une profondeur curieuse, une sorte de regard infini qui semble nous transpercer sans pourtant nous voir, et tu m'as dit :

« Oui, moi aussi, je t'aime. »

Tant d'années attendues, tant d'espoirs déçus, et ces mots enfin. Je t'ai serré fort dans mes bras. À cet instant j'ai su que tu partirais bientôt mais qu'à présent je serais assez forte pour affronter ta mort. Car nous venions de nous dire l'essentiel.

Avant d'aller m'endormir, je suis sortie dehors et je suis restée longtemps avec mes chiennes à observer l'immensité de l'univers. La nuit était claire, j'ai contemplé le ciel étoilé avec la certitude qu'il y avait là-haut notre ange gardien qui veillerait à ce que ton amour me donne toujours cette force de vie, cette envie de continuer. J'ai toujours été secrète, me réfugiant dans des rêveries déjà mystiques. À tel point que parfois tu me titillais en me disant :

« Plus tard, toi, quand tu seras grande, tu seras bonne sœur ! »

J'ai gardé cette habitude d'observer le ciel. J'aime regarder les étoiles avec peut-être une attirance toute particulière pour celle qui brille avec un éclat plus vif et qui porte le doux nom de Vénus.

Née sous sa protection, tu comprendras qu'il m'était difficile de suivre ta prédiction ! Mais en me détournant du chemin tout tracé que tu me proposais, j'ai emprunté des sentiers de traverse qui m'ont permis de réussir ma vie. Et toi, me trouvais-tu séduisante ? Avais-tu seulement compris à quel point ma féminité était toute vénusienne ? À moins que, justement, cette sensualité te troublât trop.

Comme j'aimerais que tu sois encore là pour m'aider à retrouver mes souvenirs d'enfant. J'avais quoi ? Dix, douze ans à peine... L'un de mes plus grands plaisirs était de venir me blottir tous les soirs dans ton lit, ou plutôt dans le lit conjugal, afin, tout simplement, de te dire bonne nuit. Ce rituel a duré longtemps...

Maman traînait toujours un peu avant d'aller se coucher, alors je profitais de cette place vacante pour me glisser contre toi. J'étais bien innocente et je cherchais, avec mon corps d'enfant, la chaleur de ton corps de père. J'espérais chaque fois obtenir les mots d'amour que tu ne me disais pas. Mes souvenirs sont si flous... Il me semble pourtant que certains soirs tu savais me prendre dans tes bras, ou plutôt tu acceptais mes avances, et alors il se produisait quelque chose de magique. Nous étions seuls au monde. Cette alchimie corporelle ne durait sans doute que quelques instants, mais que c'était bon !

Et puis, un soir, ce fut le drame, mon drame. J'en garde encore les traces dans ma chair, dans mon être. Je venais toute confiante, à peine vêtue d'une chemise de nuit transparente, je suis montée sur le lit et tu m'as dit avec ta grosse voix et ton regard dur derrière tes lunettes aux verres épais :

« Ça suffit, tu n'as pas besoin de venir me dire bonne nuit tous les soirs ! »

J'ai fait semblant de ne pas comprendre et j'ai sautillé sur le lit, persuadée que tu ne saurais pas résister à ma joie de venir te retrouver. Mais brutalement, c'est du moins le souvenir que j'en ai, ton bras m'a poussée hors du lit, hors de la chambre, loin de toi pour toujours. J'ai traversé le long couloir qui menait à ma chambre, triste, penaude, me demandant ce que j'avais bien pu faire pour te fâcher à ce point. Je me suis réfugiée dans mon petit lit froid et c'est sans doute la première fois que j'ai eu tant de mal à m'endormir.

Depuis, il m'en a fallu du temps pour oser aller à nouveau vers un homme. J'ai mis des années aussi à te pardonner. Bien sûr, j'ai aujourd'hui compris que mon corps devait te troubler, sans doute avais-tu la prescience que mon jeu n'était pas si innocent... Mais je suis restée trop longtemps une fillette malheureuse de ne pas se sentir aimée par son père. Peut-être me suis-je réparée le jour où tu m'as dit, bien des années plus tard : « Tu as eu raison, tu as réussi avec ce que la nature t'a donné. » Tu parlais de mon corps bien sûr, et ce jour-là nous n'avions ni l'un ni l'autre besoin d'en dire davantage.

C'était, je crois, à la sortie de mon premier livre dans lequel je racontais avec moult détails ma vie scandaleuse. J'ai ensuite écrit d'autres ouvrages, pensant que ce succès avait été à l'origine de ma modeste carrière d'écrivain, mais au fond, il me semble bien que toi seul en es le responsable. Toi qui passais tant d'heures plongé dans tes livres sans vraiment nous regarder, nous, ta famille. Ainsi ai-je écrit pour que tu t'intéresses à moi.

Papa, je voulais tellement que tu me regardes. Que tu m'admires. Que tu sois fier de moi. Un jour, pourtant, j'ai cru que j'avais tout gâché. J'avais pris l'habitude, à la faveur de la cohue du jeudi après-midi dans les magasins, de subtiliser un trente-trois tours chaque semaine... J'avais acquis une certaine assurance dans le geste. Jusqu'à cette fois où je me suis fait prendre. Je ne suis pas près d'oublier ce bref voyage dans le panier à salade filant toutes sirènes hurlantes à travers la ville de Lyon. L'officier de police me fit asseoir dans un bureau, demanda le nom de mon père. J'étais accablée.

Prévenu à la banque, tu arrivas. J'étais malade de honte. Tu es entré dans ce bureau empestant le mauvais cigare, d'un pas mal assuré, les épaules tombantes. Je n'osais pas croiser ton regard. J'avais peur d'y lire tout le mépris que je supposais. Comme le silence s'éternisait, j'ai levé les yeux vers toi. Et là, ce que j'ai vu m'a stupéfiée. Une larme s'échappait de ton œil sévère, intransigeant et impitoyable. Une larme qui m'a plus rapprochée de toi que toutes les déclarations que tu aurais pu me faire. Il m'a semblé, pour la première fois, avoir soulevé un pan de ton mystère.

N'étions-nous pas un peu semblables, tous les deux ? Ta froideur et ta prétendue indifférence ne cachaient-elles pas un mal-être que je connais bien ? As-tu souffert aussi longtemps que moi de ce manque d'assurance qui isole, et qui amplifie le malaise de ceux qui se croient mal-aimés ?

Nous sommes repartis, toi et moi, sans échanger un mot, dans un recueillement quasi religieux. Je nous revois encore en cette fin d'après-midi d'automne sombre comme il y en a souvent à Lyon, quand le brouillard et la pluie dans la lumière des phares finissent par rendre les formes un peu irréelles. J'ai saisi ta main et tu ne l'as pas retirée. Au contraire, tu l'as serrée un peu trop fort. Nous avons marché longtemps dans les rues. Je serais allée jusqu'au bout du monde ce jour-là car je sentais que tu m'avais pardonné. Sous ta cuirasse, tu respectais presque ma transgression, même si, bien sûr, tu ne pouvais pas l'approuver.

En ce premier jour de l'année, je pense à toi avec une certaine nostalgie. Tous les premiers de l'an, je tiens une comptabilité du cœur ; le nombre des absents augmente, certains s'effacent tout doucement de ma mémoire, il m'arrive parfois de me sentir coupable d'avoir oublié telle amie ou tel autre camarade, quand ce n'est pas un membre de ma famille proche. Mais toi, tu restes toujours là, bien que tellement absent.

Comment oublier ton départ ? Je suis sûre que tu étais encore un peu présent lorsque, sur l'injonction de ma mère, je suis entrée dans ta chambre. Tu étais allongé sur le lit, à peine plus raide que les derniers jours de ta longue maladie, juste le visage beaucoup plus pâle, trop pâle. Je sentais le regard de ma mère sur moi, guettant ma réaction, comme si, même à cet instant, elle redoutait de nous laisser seul à seule. Elle avait tellement insisté pour que je te dise un dernier au revoir, sans doute était-elle angoissée. J'aurais préféré qu'elle nous laisse, toi et moi, pour ce dernier tête-à-tête. Aurais-je pu enfin me blottir entre tes bras sans aucune retenue, ou alors ce moment d'intimité unique aurait-il été trop violent ? Sous la surveillance maternelle, j'étais protégée et j'ai su rester stoïque face à ce corps inanimé qui représentait tant pour moi.

En fait, à cet instant, je n'ai pas vraiment réalisé que tu m'avais quittée pour toujours. Puis, j'ai été happée par la famille, déjà prête à partir pour assister à ton enterrement. J'ai eu pour mission d'emmener ton épouse qui, comme toujours dans ces moments si difficiles, se montra d'une dignité exemplaire.

Maman a été confrontée à la mort et au deuil si jeune, elle avait perdu sa propre mère alors qu'elle n'avait que neuf ans. Sans doute cela l'a-t-il rendue forte, trop forte presque. Si seulement elle avait manifesté sa peine, je crois que j'aurais apprécié de me blottir contre elle et que nous pleurions en chœur ton départ. Je suis certaine que tu aurais aimé nous voir réconciliées dans cette douleur partagée.

Elle avait longuement insisté pour que je prépare un discours qu'il m'aurait fallu lire durant la cérémonie, mais cela m'a semblé au-dessus de mes forces. Je n'ai d'ailleurs pratiquement aucun souvenir de la messe qui te fut consacrée. J'étais ailleurs, sans doute plus près de toi encore. Vint le moment crucial où nous sommes tous sortis de l'église pour recevoir les condoléances des proches. Un grand nombre de tes collègues de la banque étaient venus te rendre un dernier hommage. Tu peux être fier, car tu as été apprécié à ta juste valeur, toi qui avais un tel sens du devoir. Mon corps était là, debout entre mon frère et ma sœur, mais je ne parvenais toujours pas à saisir ce qui se passait vraiment. J'écoutais ces paroles convenues avec la froideur des êtres qui portent un masque protecteur anti-émotion quand un homme, bien plus jeune que toi, a retenu mon attention par la qualité de son regard. Alors il a prononcé cette phrase que je n'oublierai jamais : « Je suis heureux de vous rencontrer enfin, votre père était si fier de vous. »

Bien sûr, avec ces quelques mots, il se voulait gentil, réconfortant, mais il m'aurait enfoncé un poignard dans le cœur qu'il ne m'aurait pas fait plus de mal. Alors qu'il esquissait un sourire bienveillant, je me suis mise à grelotter, puis les larmes se sont mises à couler, couler, sans que je puisse les arrêter.

Je ne sais pas si je pleurais de t'avoir perdu ou si je pleurais de joie. Non, je crois que je pleurais de savoir que ces mots, tu les avais dits à cet homme sans doute de nombreuses fois pour qu'il ait pris la peine de me les répéter à ce moment essentiel. Mais que je ne pourrais jamais les entendre de ta voix.

C'est à ce moment précis que j'ai commencé à réaliser que tous les non-dits entre nous subsisteraient à jamais. Peut-être même, pardonne-moi papa, qu'à cet instant-là, je t'ai détesté. Détesté d'être parti si vite, détesté de n'avoir jamais su me dire à quel point tu m'admirais. Cet homme, dont j'ai oublié le nom et même le visage, s'est éclipsé discrètement. Ma mère se tenait droite, inflexible, et mon chagrin m'est apparu déplacé. Personne n'était là pour me consoler, il me fallait au plus vite reprendre la bonne attitude, l'attitude correcte des petites gens qui souffrent en silence.

Et comme j'ai toujours des kleenex dans mon sac, j'ai séché mes joues et je me suis mouchée en m'efforçant de ne pas faire de bruit afin de ne pas rompre ce rituel solennel. Comme tu me manquais, déjà.

Ce petit monde en cortège se dirigea ensuite vers le cimetière. Une sorte d'effroi s'empara de moi lorsque j'ai vu ce trou vers lequel on t'emportait. Voir ton cercueil disparaître tout doucement m'a bouleversée. Au fur et à mesure qu'il descendait, ma poitrine se resserrait, l'angoisse m'envahissait. Les fossoyeurs te recouvraient déjà de terre lorsqu'une pluie battante s'est mise à tomber. Certaines personnes avaient un parapluie, mais j'ai refusé de m'abriter. Me rapprocher de qui que ce soit aurait été une trahison. Je restais figée, hypnotisée par ce spectacle impossible qui se déroulait sous mes yeux, mais reliée à toi par un fil invisible et pourtant bien réel.

Il ne se passait rien en moi, rien autour de moi. Juste un grand vide. J'aurais voulu crier ton nom, t'appeler « Papa ! », hurler ma peine, mais aucun son ne sortait de ma bouche. J'aurais aimé que le sol se dérobe sous mes pieds, disparaître moi aussi, que je cesse enfin de souffrir. Je ne sais pas d'ailleurs s'il s'agissait vraiment de souffrance à ce moment-là. Alors j'ai fermé les poings pour serrer fort ce fil qui me reliait à toi, et je me suis mise à murmurer, comme une sorte de mantra, à plusieurs reprises : « Et maintenant, que vais-je faire ? »

C'est mon frère qui m'a sortie de ma torpeur en me prenant par l'épaule, il m'a demandé : « Te sens-tu capable de conduire la voiture et de rentrer avec maman ? »

Aussitôt, je me suis ressaisie, j'ai hoché la tête et j'ai entraîné ma mère vers le véhicule garé à la sortie du cimetière. Je n'ai même pas pris le temps de te dire adieu. Sans doute parce que je n'étais pas prête à te dire adieu. Pas si vite, pas encore.

Je suis restée deux jours à Lyon auprès de ma mère. Parce que je croyais qu'elle avait besoin de moi, je me suis montrée forte, solide.

Ce n'est que trois semaines plus tard, dans la grande et belle église de Verneuil-sur-Avre, que j'ai vraiment pu te dire adieu. Cette église, dans laquelle j'ai connu de nombreuses expériences mystiques, m'a sans doute donné la force de comprendre enfin qu'il fallait te dire adieu. J'ai pleuré, longuement, silencieusement, religieusement, et j'ai accepté que jamais plus je ne pourrais entendre ta voix, que jamais plus tu ne me prendrais dans tes bras. Désormais, tu étais en moi, et je pouvais tout à loisir, dans les bras d'autres hommes, imaginer que tu me cajolais.

Papa

J'ai su ce jour-là que tu serais toujours présent en moi. Je pouvais te dire adieu, car enfin je me rendais compte à quel point tu avais été un vrai père pour moi. En partant, tu m'as permis aussi de découvrir que j'aime les hommes. Grâce à toi, j'ai appris à reconnaître leur sensibilité sous le masque, leur fragilité sous la dureté.

Merci, papa.

Papa, pourrai-je un jour cesser de te parler ? En aurai-je seulement envie ? Ce monologue continu, sans réponse de ta part, sais-tu à quel point il peut être angoissant, parfois ?

Heureusement, tous ces hommes qui me parlent chaque jour, ces hommes qui attendent de moi une réponse que je m'efforce de leur donner, me permettent des échanges que tu ne m'as jamais autorisés.

Mais ne sommes-nous pas toujours en train de demander ce que nous n'avons pas obtenu alors qu'il serait tellement plus positif de regarder ce qui nous a été donné ?

Et si je fais ce constat, alors, je ne me sens plus du tout lésée. Tu m'as apporté, papa. Je te dois mon intuition, mon imaginaire, mon sérieux, mais ce que tu m'as donné de plus fort, c'est cet amour des hommes, cette compréhension de la sensibilité masculine pourtant masquée par une cuirasse que ne renierait aucun Mérovingien !

Nous, les femmes, pensons trop souvent qu'un homme est fabriqué comme nous, nous attendons de lui la même empathie que celle de notre mère.

Grâce à toi, père si distant mais si présent dans mon cœur, j'ai appris à décoder les attitudes masculines, à me contenter de peu. Aujourd'hui j'ai admis que derrière une verge en érection, il y avait beaucoup d'amour et parfois même des torrents de tendresse.

Grâce à toi, j'ai appris à aimer les hommes pour ce qu'ils sont. Grâce à toi, j'ai enfin été reconnue professionnellement. J'ai su devenir la femme que j'avais envie d'être.

Grâce à toi, chaque jour, des hommes peuvent mieux aimer leur femme parce qu'ils en ont une avec qui ils échangent leurs émotions. Une femme qui les accepte pour ce qu'ils sont, qui les aime pour ce qu'ils sont : des hommes.

NOS RENDEZ-VOUS

14 h 04, le jingle spécial de RMC qui annonce la fin du tunnel publicitaire et le début de mon émission retentit, tout mon être se tend, prêt à entrer en religion avec mes auditeurs. Eh oui, il s'agit bien d'une messe radiophonique tant mes réponses me semblent parfois venir d'ailleurs. Comme si une petite voix souterraine me soufflait le mot juste alors que rien, dans les paroles de celui ou celle qui est au téléphone, n'aurait pu me guider. D'ailleurs, les premières années, j'étais inquiète, j'avais si peur que cette petite voix se taise, me laissant seule et désemparée face à la souffrance de celles et ceux qui attendent tant de mes réponses. Maintenant, me voilà rassurée. J'ai acquis cette sérénité qui me rend sans doute meilleure puisque je ne veux plus à tout prix leur donner « la »

solution. Je propose des pistes, des exercices, des directions à celui qui est au bout du fil, mais lui seul décidera ou non de suivre mes propositions. Les premiers temps, il m'arrivait de me répéter inlassablement afin d'être sûre que l'auditeur m'ait comprise. Autant dire que, parfois, mon monologue s'éternisait inutilement puisque, c'est bien connu, il n'est pire sourd que celui qui ne veut pas entendre. Après tout, me parler, pour certains, est déjà un réel soulagement.

Le tapis musical s'éloigne, dans quelques secondes je prendrai la parole et je serai en direct, écoutée par plus de cinq cent mille auditeurs. Je dis bien « auditeurs » puisque ce sont, à plus de soixante-quinze pour cent, des hommes qui écoutent tous les jours *Lahaie, l'amour et vous*. Bien sûr, RMC parle surtout de sport et d'actualité, sujets qui passionnent majoritairement la gent masculine, et bien sûr, le sexe a toujours intéressé beaucoup plus les hommes ; mais mon succès auprès d'eux est sans doute dû également à cette écoute féminine particulière, sans jugement sur leur manière de fonctionner. Ils n'ont pas vraiment l'habitude d'être compris par les femmes, d'ordinaire ils seraient même plutôt critiqués, jugés, voire dénigrés, et ce particulièrement depuis une vingtaine d'années.

Tant d'hommes aujourd'hui ne savent plus très bien comment se situer dans leurs relations affectives. Peur d'être trop machos, trop virils, trop sensibles ! Ils ont, à juste titre d'ailleurs, l'impression que les femmes, leur femme, ne seront de toute façon jamais contentes. Alors, entre 14 et 16 heures, ils trouvent un moment de réconfort, une oreille bienveillante prête à entendre leur souffrance, prête à les aider à mieux faire ou, tout simplement, prête à leur rendre une légitimité dont ils n'auraient jamais dû douter. Ces époux, ces amants, ces pères, ces fils sont souvent plus près de la vérité qu'ils ne l'imaginent, mais les réactions de leur partenaire les amènent à douter, leur faisant parfois même supporter une situation inacceptable. Je pense en particulier à tous ces maris qui supportent que leur épouse voie son amant l'après-midi pendant qu'ils travaillent dur pour offrir à leur famille une vie confortable. La peur de la perdre les paralyse. Si les femmes sont capables de beaucoup d'abnégation par amour, les hommes ne seraient-ils pas en train de les rattraper sur ce point ?

14 h 05, c'est parti ! D'un geste devenu machinal, je pose le casque sur mes oreilles et je règle le son, pas trop fort mais suffisamment intense pour m'emplir des témoignages qui me bouleversent toujours autant. Au fil des années, les auditeurs ont appris à se confier avec plus d'authenticité. Dès les premiers mots, leur intimité m'est révélée, sans doute parce qu'ils savent

que je ne les jugerai pas. Comment le pourrais-je, d'ailleurs ? Notre intimité nous appartient et l'offrir ainsi à une inconnue me semble un cadeau merveilleux. Si je leur donne beaucoup, ils me nourrissent tout autant.

Qui m'attend au bout du fil ? Un être humain comme moi, qui aspire à être entendu et compris dans sa chair et dans son cœur. Qui espère, grâce à cet échange somme toute assez court puisque chaque auditeur reste à peine cinq ou six minutes à l'antenne, avoir enfin une réponse à son questionnement. Lorsqu'on me demande quel est mon métier, j'aime à répondre : accoucheuse d'âmes. Je suis celle qui allume la lumière dans le bordel affectif de l'autre. La plupart du temps, je vois mieux que lui pourquoi sa vie privée ne fonctionne plus mais par respect, par pudeur aussi, je demeure prudente. Les mots sont parfois trop violents lorsqu'ils arrivent à un moment où nous ne sommes pas préparés. Je montre ce qui ne va pas, j'explique à demi-mot pourquoi « ça ne va plus ». Une fois la lumière faite sur son désordre psychique, l'auditeur pourra le ranger. Certains le feront, la plupart n'effectueront qu'un ménage superficiel, mais tous auront au moins la certitude qu'ils ne sont plus totalement seuls, livrés à eux-mêmes. Ils auront pu enfin exprimer leurs émotions.

Rien dans notre société ne nous apprend à gérer nos émotions. Nos parents, tout au plus, nous ont appris à les refouler. Au travail, soi-disant ça n'existe pas. Nos amis préfèrent penser à notre place. Notre partenaire, la plupart du temps, se sent agressé par elles. Pourtant, nos émotions sont un moteur puissant, elles nous guident, certes pas toujours dans la bonne direction. Mais imaginez un être totalement dépourvu d'émotions ! Bien sûr, il n'aurait peur de rien, mais aurait-il encore envie de vivre si plus rien ne pouvait le mettre en colère, lui apporter de la joie ou le rendre triste ? Sans compter qu'un tel être pourrait devenir un véritable monstre !

Nos émotions nous font humains, elles surgissent à tout moment, elles nous débordent, mais elles nous aident aussi. La peur nous paralyse souvent, mais n'est-elle pas également bonne conseillère ? La tristesse nous permet d'appréhender notre souffrance, de communiquer et de la soulager. Si la colère nous crée bien des ennuis, elle peut aussi, bien canalisée, nous aider à faire respecter notre territoire et nous apprendre à savoir dire non. Enfin, la joie n'est-elle pas à elle seule source de bien des plaisirs ? Voici un des messages qui me tiennent à cœur : vos émotions sont vos alliées. Écoutez-les, acceptez-les, délivrez-les si elles restent parfois bloquées, apprivoisez-les si elles vous débordent, en respirant profondément ou en prenant du recul, au sens propre ou figuré. Vos émotions, c'est vous. Ne les négligez pas, acceptez-les comme une partie de vous-même.

Depuis plus de sept ans que j'anime cette émission, je me sens apte à faire un bilan presque sociologique des rapports homme-femme au sein du couple et j'affirme haut et fort que les hommes ont une vie émotionnelle aussi intense que les femmes ; ils n'expriment pas leurs émotions de la même manière, voilà tout. Il n'y a pas d'un côté les gentilles dames et de l'autre les méchants messieurs. Je constate qu'il y a autant de machos, de brutes épaisses que de manipulatrices et d'insatisfaites castratrices. Les premiers ne manifestent pas leur haine de la même manière que les secondes, plus silencieuses mais tout aussi perverses.

J'aime profondément les hommes et je me sens viscéralement femme, c'est pourquoi je suis toujours aussi motivée pour continuer ce combat sans fin : libérer la sexualité. La sexualité est ce qui nous relie, une force attractive qui nous réunit ou nous divise mais, sans elle, que deviendraient nos existences ? Sans compter qu'elle est nécessaire à la survie de l'espèce, même si la science s'empare de plus en plus de la reproduction. La sexualité reste le meilleur moyen pour réconcilier les sexes afin que de nombreux couples puissent s'aimer encore et encore, mais aussi pour que le monde soit plus harmonieux. Tout simplement parce que les enfants élevés dans l'harmonie familiale deviennent des adultes équilibrés. Tous les dictateurs pervers, les assassins incontrôlables, les malades immatures viennent de familles dans lesquelles chaque membre du couple menait une lutte sans merci pour faire triompher son identité, féminine ou masculine.

J'ai de nombreux amis, sexologues, thérapeutes ou psychiatres, qui ont un avis assez tranché sur la question. Il me semble que la plupart défendent plutôt les femmes. Sans doute par réaction à ces siècles, que dis-je, à ces millénaires de patriarcat. Il est de bon ton, en effet, de militer pour la libération de la femme et de « casser du mec » si l'on est psy. Je tente parfois de nuancer leurs propos, mais je sens bien que nous ne pouvons pas être totalement en accord. Sans doute parce qu'ils ont plus de femmes meurtries qui viennent les consulter que d'hommes blessés. Les hommes ont beaucoup plus de mal à faire la démarche. Aller consulter, c'est accepter sa fragilité, c'est demander de l'aide. Les hommes préfèrent ne jamais mettre genou à terre devant qui que ce soit. Ils auront plutôt tendance à panser leurs blessures seuls dans leur tanière, ou à s'investir dans une activité professionnelle ou sportive qui leur permettra d'oublier leur souffrance. Ils croiront ainsi réparer le mal que leur aura fait subir leur compagne, mais la prochaine risque de le payer cher. Je suis heureuse de les aider parfois. Alors, toute seule, face à mes auditeurs, je maintiens le cap.

Vive les hommes !

En chaque homme il y a quelque chose de bon à défendre et de nombreuses auditrices me suivent chaque jour. Leur fidélité me réconforte, leurs encouragements me rassurent et me prouvent que je suis dans la bonne direction. Vous ne pouvez pas imaginer le nombre de femmes qui, tous les jours, m'envoient un mail pour me dire que, grâce à cette émission, leur couple va mieux. Elles ont compris leur mari, leur amant, leur compagnon. Elles n'attendent plus un miracle, elles savent l'aimer pour ce qu'il est et n'espèrent plus le changer. Et lui, si heureux d'être enfin reconnu pour ce qu'il est, devient tout à coup adorable, prêt à les satisfaire dans ses moindres désirs. Eh oui, critiquez votre homme et il se renfermera dans sa coquille, admirez-le et il vous couvrira de fleurs.

Les hommes sont bien plus prêts à nous satisfaire que nous ne pouvons l'imaginer. Faut-il encore comprendre comment ils fonctionnent. À force d'attendre le prince charmant, à force de croire que l'homme détient le pouvoir, tous les pouvoirs, les femmes restent endormies, les paupières et la bouche entrouvertes dans l'espoir que l'Homme viendra déposer ce baiser censé leur donner la force de vie. La psychanalyse aurait pu nous réveiller, nous les femmes, mais ses disciples de tous bords ont souvent préféré continuer à nous endormir afin, sans doute, de conserver ce fameux pouvoir. Cette histoire de phallus n'est pas claire pour la majorité des gens. Cette dimension symbolique est trop souvent confondue avec l'organe mâle. Combien de femmes peuvent prétendre être fortes, assumer leur vie sans être mariées ou mères ? De fils de préférence ! L'autre jour, j'ai entendu ce commentaire d'une journaliste qui, parlant d'une cavalière de haut niveau, affirmait : « C'est une vraie femme puisqu'elle a eu aussi deux enfants. » Entendrait-on ce discours au sujet d'un sportif n'ayant pas eu d'enfant ? Certainement pas.

Tant que la société ne donnera pas un statut de femme à tout être du genre féminin, il y a fort à parier que les femmes auront le sentiment de devoir rester dans l'ombre des hommes. Comment s'étonner dès lors qu'elles se révoltent contre le sexe fort ? Et pourtant, les femmes sont souvent plus sujettes à la dépression que les hommes, car elles n'ont pas appris à développer leur pulsion de vie. Leur mère, bien souvent, a entretenu une passivité déjà naturellement présente dans leur corps alangui. Les petites filles restent trop longtemps accrochées aux jupes de leur génitrice. Cette fusion paraît naturelle pour la plupart d'entre nous, à tel point que l'homosexualité féminine semble presque normale. Personnellement, je suis persuadée que les hommes ont une connivence tout aussi forte, même si elle se manifeste différemment. Combien d'amitiés masculines cachent une homosexualité ? Ces amitiés particulières sont parfois si intenses. Je pense à Julien, cet auditeur qui a finalement couché avec la femme de son meilleur ami sans se rendre compte qu'en fait, il rêvait de faire l'amour avec lui. Quelques années plus tard, il a finalement quitté sa partenaire. Lorsque je lui ai demandé s'il avait envie de revoir son ancien ami maintenant qu'il n'était plus avec cette femme, son « oui » était chargé d'une telle émotion ! Mais ce désir ne peut se dire, ne peut se vivre, et cela aurait été cruel de ma part de lui en faire prendre conscience. Ces hommes qui s'aiment d'un amour platonique m'attendrissent toujours beaucoup. Observez leur complicité dans le sport, à la guerre ou tout simplement au bistrot... J'ai toujours trouvé l'amitié masculine plus solide, plus active, peut-être justement parce qu'elle n'est pas dans la fusion. Les hommes se savent différents, séparés.

J'affirme en connaissance de cause qu'il est vraiment nécessaire d'être séparée psychiquement de sa mère. Sans quoi nous recherchons toujours dans notre compagnon une relation impossible, une histoire fusionnelle dans laquelle nous nous empêtrons. Alors, à la première déception, la femme se sent trahie et ne peut que haïr celui qui lui rappelle trop à quel point elle n'est pas capable d'être autonome. Trop de femmes attendent tout de celui qu'elles ont choisi, et quand enfin elles se réveillent, elles ont le sentiment d'avoir attendu trop longtemps pour rien. Or, qui d'autre qu'un homme, en l'occurrence le père, pourrait séparer la petite fille de sa mère ? Faut-il encore que cette dernière lui laisse ce rôle pourtant si indispensable au bonheur futur de sa fille.

Ainsi, une femme qui a pu se développer correctement saura doucement diriger son partenaire. J'ose parfois parler de « dressage ». Comme on dresserait un cheval, car il n'est pas question là de domination.

En tant que cavalière, je sais combien le dressage d'un cheval ne se fait jamais dans la violence ou l'autorité si l'on aspire à une complicité durable. D'où l'expression « une main de fer dans un gant de velours ». Un homme, il faut commencer par l'aider à faire tomber sa cuirasse. Normal, puisque depuis son plus jeune âge ses parents lui ont appris à masquer ses émotions. « Un homme, ça ne pleure jamais ! » Mais alors, comment font-ils lorsqu'ils sont malheureux ? Ils refoulent leur chagrin et compensent leur tristesse par l'action. Ainsi, ils finissent par se persuader qu'ils ne sont jamais vraiment malheureux. Seules les filles le sont, mais parce qu'elles sont trop fragiles. C'est pourquoi, lorsque nous pleurons, ils sont si désemparés. Ils ont alors tendance à nous abreuver de conseils et de solutions efficaces, alors que nous voudrions simplement être prises dans leurs bras costauds et être consolées. Notre tristesse les dérange, leur fait peur, car elle les renvoie trop souvent à leur souffrance muselée depuis si longtemps.

La première démarche amoureuse avec un homme consiste à l'aider à baisser le pont-levis. Mes hommes, tous les après-midi, osent me parler de leur souffrance parce qu'ils savent qu'ils seront respectés. Claude m'appelle pour se confier. Son épouse vient de lui annoncer qu'elle voulait divorcer et le monde s'écroule sous ses pieds. Il m'explique qu'ils ont plusieurs beaux enfants, qu'ils viennent d'acheter une jolie maison. Claude a tout fait matériellement pour que la famille soit à l'abri et voilà qu'à présent sa compagne l'abandonne. Cet homme est non seulement perdu, mais il a aussi perdu son moteur. Toute sa vie a été construite en fonction de ce que son épouse désirait, du moins de ce qu'il croyait qu'elle désirait. Sans doute, d'ailleurs, n'a-t-elle jamais réellement exprimé ses besoins les plus profonds, tout comme Claude n'a sûrement jamais su lui demander... mais n'est-ce pas le cas de la majorité des couples ? Claude, comme ses ancêtres, comme le mâle apporte la nourriture tandis que la femelle s'occupe de la progéniture, a veillé au confort de sa famille. Seules les contingences matérielles lui semblaient essentielles. Ainsi, lorsque sa partenaire émettait une demande ou une critique à demi-mot, car la femme s'exprime indirectement, il n'entendait pas, pas vraiment. Car bien sûr, avant de prendre la décision de partir, son épouse lui a envoyé plusieurs fois des messages subliminaux. Mais l'homme ne comprend pas très bien le langage abstrait.

Seulement voilà, aujourd'hui les femmes rêvent aussi de s'évader de leur quotidien. Une sécurité matérielle ne leur suffit plus, elles veulent vibrer, et leur homme devenu si prévisible les ennuie. Plus il assure, plus il risque de perdre sa compagne ou d'être détrôné par un séducteur habile qui aura su repérer cette proie facile. L'épouse de Claude n'échappe pas à la règle. Comment puis-je dire à ce mari bientôt délaissé que, de toute façon, la décision de sa compagne est prise depuis longtemps ? Sans doute peu de temps après la naissance de leur dernier enfant : la femme a rempli son contrat de mère, elle a envie désormais de retrouver une nouvelle jeunesse. Un mari devenu père n'aura jamais le charme d'un amant. Claude aurait dû faire rêver sa femme, la séduire encore et toujours, la laisser même parfois se démener face aux soucis financiers ou aux événements compliqués de l'existence. Il comprend ses erreurs, mais il veut savoir ce qu'il peut faire, ce qu'il doit faire pour la garder. Sa voix tremble, les mots se font plus rares, les silences éloquents ; une part de lui se rend compte qu'il doit accepter cette évidence qui le fait tant souffrir, pourtant il veut agir et encore agir, car il ne connaît pas d'autres moyens de soulager sa douleur.

Son témoignage me touche comme il bouleverse sans doute d'autres auditeurs qui subissent le même sort. Alors je puise en moi cette force qui les galvanise. Mes phrases s'enchaînent dans un flot continu qui se veut réconfortant. Mais Claude ne pourra pas suivre mes conseils. Comment cet homme amoureux pourrait-il éviter de mendier encore quelques miettes d'amour en échange de tous les sacrifices qu'il a volontiers acceptés depuis tant d'années ? Comment peut-il faire semblant de s'intéresser à une autre femme ? Et pourtant ce serait une excellente tactique pour reconquérir son épouse. Car si celle-ci n'est plus amoureuse de lui, elle éprouve certainement pour lui encore beaucoup d'affection. Il suffirait de souffler sur les braises de leur amour pour, peut-être, faire renaître la passion. Le lien n'est pas rompu, seul le désir s'est éloigné, ce désir si fugace qui fait défaut à la majorité des couples qui ne prennent pas soin de l'entretenir. L'épouse de Claude se sent vide, presque morte, et elle croit qu'en le quittant tout s'arrangera.

Alors cet auditeur préférera sans doute subir ce désamour programmé. Néanmoins, je ne suis pas si inquiète car sa voix me donne à penser qu'il a une force intérieure qui lui permet de ne pas sombrer dans la dépression. Il réussira, certes avec des moments de découragement, à passer le cap de la séparation. Des mois ou des années plus tard, Claude trouvera une seconde épouse plus adaptée à sa vraie personnalité. Et peut-être aura-t-il tiré profit de cette rupture ? D'ailleurs l'épouse qui l'a quitté regrettera sans doute beaucoup plus leur séparation, car elle aura des difficultés à trouver un compagnon à la hauteur de ses espérances. Mais je me garde bien de le lui dire. À cet instant précis, Claude a juste besoin d'être réconforté, et quelques mots d'empathie sont plus utiles qu'une froide analyse de la situation.

Seulement voilà. Si cet homme avait eu une mère plus bienveillante, il aurait sans doute été capable de repérer ces moments où son épouse s'éloignait de lui. Les mères sont trop souvent des femmes meurtries qui réclament de leur fils tout ce qu'elles n'ont jamais osé demander à leur mari. Et ces petits hommes grandissent en s'efforçant de les satisfaire. Chaque critique, chaque réprimande, chaque insatisfaction maternelle est ressentie comme une atteinte à leur identité masculine. Leur mission devenant impossible, ils préfèrent, à un moment ou à un autre, couper ce lien émotionnel trop stressant. Claude a tenté une fois de plus de tout apporter à sa femme, mère de substitution, programmant sa mission impossible. Cet homme ne pouvait pas choisir une autre partenaire, une femme qui l'aurait aidé justement à s'ouvrir sans crainte d'être mis en danger dans sa virilité. Cet auditeur, comme la plupart, ne sait pas faire la différence entre comprendre et ressentir, entre raison et émotion. Sa seule manière de prouver son amour consistait à offrir son salaire et à faire l'amour. D'ailleurs, dans cette expression, tout est dit. « Faire l'amour » : oui, les hommes, faute de pouvoir aimer avec leur cœur, aiment avec leur sexe. Le cœur des hommes se ferme souvent parce qu'ils sont trop préoccupés par leur verge.

Ainsi, si le premier acte d'amour envers un homme est de l'aider à ouvrir son cœur, le second est sans nul doute de lui prouver que sa virilité ne se mesure pas au nombre de centimètres qu'il gagnera au moment de l'érection. Bien sûr, comme toute femme ou presque, j'aime les érections triomphantes. Comme toute femme, ou plutôt comme toutes celles qui aiment l'homme, je trouve sublime un pénis en érection. Ce petit organe qui se tend, se dresse, m'émeut, me trouble, me rassure aussi. Mais lorsque la panne surgit, imprévue, insidieuse, cela ne m'inquiète pas. Les acteurs de films pornographiques sont toujours au top de la performance, tout comme certains échangistes ou séducteurs notoires. Ces hommes ont un rapport édifiant avec leur verge. Elle est leur sujet d'intérêt majeur, et notre vagin n'est que l'objet destiné à satisfaire leur plaisir. Ils ne s'embarrassent guère de savoir si nous lubrifions assez ou si telle position nous indispose. Plus un homme est fier de son érection, plus il bandera sur commande. Et plus nous pouvons être sûres que son amour pour son pénis est plus fort que son amour pour notre clitoris.

Justement, notre clitoris. Combien de machos en ignorent presque l'existence, en tout cas le fonctionnement ? Parfois, ils osent quelques caresses machinales du bout des doigts, espérant ainsi ouvrir la porte de notre féminité. Car seul notre vagin les intéresse, et encore ! Ceux-là ont besoin de s'assurer qu'ils nous font jouir. Je les reconnais immédiatement lorsque l'un d'eux témoigne à l'antenne. Il énumère tout d'abord le nombre de rapports qu'il est capable d'avoir par semaine, généralement en mentant un peu. Après tout, personne ne pourra vérifier. Certains vont jusqu'à compter leurs exploits par jour. Parfois, je m'amuse à glisser cette question perfide : « Et votre partenaire, est-elle heureuse de ce nombre de rapports important ? » En règle générale, ils ne m'entendent pas tellement leur monologue sert leur narcissisme défaillant. Ces hommes sont obnubilés par la performance, synonyme pour eux de virilité. Chaque érection doit être considérée, admirée, utilisée par leur épouse.

Chaque « bandaison » sert à éloigner leurs doutes sur leur capacité à être un homme.

Bien sûr, il y a macho et macho. Je parle des bons machos, ceux qui m'attendrissent. Ceux-là sont capables de générosité, leurs cadeaux sont des offrandes tout comme leur pénis sans cesse en demande. Ceux-là nous aiment d'un amour-dépendance. Il suffit de voir à quel point ils se remettent difficilement d'une rupture. Ils le disent et le répètent, en général sans m'écouter. « Je lui ai donné les beaux (un macho ne peut en faire que de beaux) enfants qu'elle désirait, j'ai accepté son caniche, je l'ai même laissée reprendre son travail quand les enfants commençaient à grandir. J'ai... » En effet, les machos, sur le plan matériel, sont eux aussi irréprochables. Si seulement ils savaient conjuguer le verbe être aussi bien que le verbe avoir ! Pour les faire parler de leur ressenti, il faudrait sans doute des années de thérapie, mais j'ai bien peur qu'au bout du compte il ne resterait plus rien de leur personnalité. Les gentils machos sont des hommes qui n'ont pas pu laisser grandir leur part féminine, c'est pourquoi tout ce qui ressemble de près ou de loin à du féminin leur fait peur. Les machos ont une peur bleue des femmes. Or, on ne peut pas aimer vraiment ce dont on a peur.

Curieusement, j'ai constaté que ces hommes-là sont souvent mes plus fidèles auditeurs. Lorsqu'ils me parlent, ils attendent tout de moi. Suis-je leur mère toute-puissante, qui saura les réconforter, les rassurer et peut-être leur donner l'ordre qu'ils attendent pour pouvoir repartir au combat, redevenir le conquérant aux yeux de leur belle ? Alors, quand un gentil macho désespéré m'appelle, j'ai toujours pour lui une certaine indulgence. Après tout, celui-là fait souvent un bon mari. Il lui reste à comprendre que l'amour ne s'achète pas.

Les erreurs que vient de commettre Paul avec sa compagne sont flagrantes. Toujours sur la route, il n'a pas su l'écouter, la laissant seule pour gérer un quotidien de plus en plus chargé au fil des naissances. Au fond, Paul est presque plus triste à l'idée d'être séparé de ses enfants que de son épouse. Les femmes oublient trop souvent qu'en quittant leur conjoint, elles le privent de son rôle de père à plein temps. Cette souffrance, je l'entends presque chaque jour. Pensent-elles seulement un instant à leurs enfants, ces épouses qui se croient délaissées alors que leur mari n'a simplement pas le mode d'emploi de leur fonctionnement ? D'ailleurs, ces gentils machos comme Paul retrouvent souvent rapidement une nouvelle compagne.

Ce jour-là, j'ai rassuré cet auditeur en lui disant que grâce à cette expérience, il ne commettrait pas les mêmes erreurs et sa future partenaire saurait l'aimer comme il le méritait. Au fond, je ne lui mens pas, puisque je ne parle pas de ses qualités d'amant, amant au sens amoureux du terme. Car ces hommes ne sont pas aptes à comprendre qu'une femme ne décode pas toujours très bien le langage de la verge. Pour eux, une érection signifie « Je t'aime » ou « J'ai besoin de toi ». Ainsi, plus ils nous aiment, plus ils bandent.

C'est d'ailleurs lorsque la sexualité ne va plus dans le couple que je peux aussitôt distinguer le gentil du méchant macho. Le scénario est presque toujours identique. L'épouse repousse son partenaire tant elle en a assez de ces assauts répétés qui ne laissent plus aucune place à son désir. En effet, comment peut-on avoir faim à partir du moment où nous sommes gavées ? La femme dit non, en général assez brutalement puisque cela fait des mois, voire des années qu'elle n'en peut plus. Son vagin souffre en silence depuis si longtemps à cause de rapports sans préliminaires suffisants pour donner l'élasticité nécessaire à ces coups de boutoir assidus. Car le macho est un baiseur actif qui ne ménage jamais ses coups de reins, puisque sa virilité se mesure à la capacité de mouvoir son bas-ventre.

À moins qu'à l'inverse il ne soit éjaculateur prématuré. Cet autre cas de figure entre plutôt dans la catégorie « adolescent immature ». Souvent habité par une terrible angoisse de performance qui l'empêche de comprendre les attentes de sa partenaire, il compensera son manque d'endurance en multipliant le nombre de rapports. Sa compagne tirera la sonnette d'alarme lorsqu'elle en aura assez de ces coïts fugaces répétés qui, certes, ne lui font pas grand mal, mais la laisse sur une frustration chaque jour plus grande.

Donc l'épouse du macho se refuse. En général, la scène se passe un matin, après une mauvaise nuit de sommeil. En fonction de la réaction du mari, mon analyse est faite. Le gentil macho s'effondre, persuadé que sa femme ne l'aime plus. Les plus fragiles imaginent aussitôt qu'elle a pris un amant, ce dont ils se doutaient depuis quelque temps, et une succession d'événements anodins viendra confirmer leurs craintes. Toutes mes tentatives pour les rassurer resteront vaines.

Le vilain macho, lui, va se fâcher, voire devenir violent. Comment cette femme pour qui il a *tout* fait *ose* lui refuser son vagin ? « Son », comment interpréter cet adjectif possessif ? Pas de doute, le macho en est le propriétaire. Mais un propriétaire bien négligent puisqu'il n'aura guère pris la peine de respecter son bien.

Cette catégorie d'hommes ne me concerne pas. Bien sûr, ils existent, et je les condamne fermement, mais ils ne témoignent jamais. Cette émission ne peut pas les intéresser. Ils croient tout savoir, eux qui ne connaissent rien de ce sexe si faible par rapport à leur sexe si fort. Les échanges qui ont lieu à l'antenne pourraient faire vaciller leurs certitudes.

Pourtant, une fois, l'un d'eux a témoigné pour me confier son repentir. Je me souviendrai toujours de Rachid. Il écoutait notre radio parce qu'il est passionné par le football et un jour, tout à fait par hasard, il m'a écoutée. Au départ, mes échanges avec les auditeurs l'ont surpris, sidéré même, mais il n'a pas zappé, comme fasciné par ma voix, par ce qu'il entendait. Les jours suivants, il y est revenu. Après des heures à écouter ces confidences intimes, il a pris conscience qu'il n'était pas normal de battre sa femme. Sans doute n'était-il pas un vrai macho ! Alors il est allé consulter un thérapeute. Aujourd'hui, il n'est plus jamais violent. Son appel avait juste pour but de me remercier. À l'époque, son épouse était sur le point de partir, sans doute est-ce d'ailleurs pour cela qu'il a pu se remettre en question. Aujourd'hui, son couple est sauvé et il considère que c'est grâce à moi. Son témoignage restera dans ma mémoire. Combien de Rachid ai-je pu aider à évoluer ? Car les hommes aussi peuvent changer.

Dans l'histoire familiale de Rachid, on comprenait pourquoi il était devenu violent. Bien sûr, cela n'excuse rien, un homme qui porte la main sur une femme est toujours condamnable, mais cet homme-là a obligatoirement été élevé par une mère qui n'a pas su lui donner les bons repères. En stigmatisant ces hommes, on déresponsabilise les parents. Je ne sais pas combien d'hommes peuvent se transformer. Mais tous les jours, des femmes qui ont une revanche à prendre sur les hommes mettent au monde des garçons. Elles leur donneront un statut d'enfant roi. Dès leur plus jeune âge, ils seront étouffés par cette puissance maternelle à laquelle ils ne pourront plus échapper et qui les empêchera de grandir normalement. Certains subiront même des incestes indirects. Comme Jérôme, qui n'arrivait jamais à jouir avec sa compagne. Durant des heures, il pouvait lui faire l'amour, mais son éjaculation restait suspendue alors qu'il n'avait aucun souci lorsqu'il se masturbait. Lors d'une émission sur le massage, il comprit enfin d'où provenait son blocage. Ses parents avaient divorcé alors qu'il avait à peine dix ans. Sa mère acceptait qu'il dorme parfois dans son lit mais surtout, alors qu'il avait quinze ou seize ans, elle lui demandait régulièrement de lui masser le dos et plus particulièrement le creux des reins. Ces séances de massage répétées avaient sur lui un effet d'une ampleur érotique bouleversante. Ses érections spontanées provoquées par le contact du corps de sa mère adorée, ses accès de plaisir avaient dû être refrénés au prix d'efforts considérables. Et à présent, le contrôle était parfait, à tel point que même avec une autre femme, plus question de se lâcher. Cette prise de conscience, ce jour-là, l'a peut-être aidé à se libérer enfin de cette mère vampirique. Trop souvent j'entends des auditrices me parler de leur adolescent et la plupart semblent ignorer les émois dans lesquels peuvent se trouver des garçons pubères.

Pour échapper à cette sensation que la femme est toute-puissante, l'homme n'a pas trop de solutions. Il doit pouvoir s'identifier à des valeurs viriles positives. Tout va bien s'il a eu la chance d'avoir un père assez fort, voire d'autres hommes dignes de ce nom qui gravitaient autour de lui. Parfois, il m'arrive même de penser qu'un père un peu brutal est préférable à pas de père du tout. Car ces fils ne reproduisent que très rarement la violence de leur géniteur, ils deviennent plutôt des hommes inquiets de leur agressivité. Leur virilité est souvent atteinte, car elle symbolise trop la dureté dont leur mère a été victime. Tout signe qui pourrait, de près ou de loin, s'apparenter à une manifestation d'agressivité, est muselé. Ces hommes ont souvent des problèmes d'érection ou, en tout cas, ont bien du mal à atteindre un équilibre affectif et sexuel satisfaisant.

Tellement d'hommes sont à la recherche de repères pour trouver la juste virilité dans laquelle ils pourront s'affirmer. Certains se sont opposés à un père faible en apparence et auront pris le pouvoir sur cette entité paternelle. Mais derrière la carapace, reste une fragilité touchante, émouvante, qui a besoin d'être assumée, car trop souvent ce père fragile l'est devenu à cause de la mère castratrice. Un petit garçon élevé par un couple qui s'aime aura toutes les chances de trouver son identité masculine sans réelles difficultés.

C'est pourquoi le troisième et dernier acte d'amour consiste à aider l'homme à s'aimer. Et pour ce faire, rien de tel que l'admiration. Les hommes supportent mal les critiques qui ne font que fragiliser la part mouvante, souterraine, de leur personnalité. En revanche, lorsqu'ils sentent que leur compagne les admire, ils se fortifient à vue d'œil. J'aime cette comparaison avec le bambou. Cette plante met des années à sortir de terre, mais lorsqu'elle fait surface, elle peut grandir de quelques mètres en moins d'un an. La graine plantée semble morte, mais elle prend le temps de s'enraciner en profondeur afin de venir à la lumière avec des fondations solides. Pour moi, l'homme, le vrai, fonctionne un peu de cette manière. C'est pourquoi les enfants mâles sont plus longs à devenir matures que les filles. Ils ont besoin de fondations solides sur lesquelles ils peuvent s'appuyer avant de partir à la conquête du monde. Or, trop souvent les femmes récupèrent un homme aux pieds d'argile. Personne ne lui a laissé le temps de s'enraciner. Les mères en demandent tant à leurs fils. Ils ont pour mission de réparer toutes leurs blessures, tous les affronts qu'elles ont subis ou qu'ont subis les femmes depuis la nuit des temps.

D'ailleurs, ces hommes ressemblent encore à des adolescents immatures et ils ne sont pas près de finir de grandir. Comme un petit garçon qui veut faire plaisir à sa maman, ils veulent tout donner à leur épouse. Être idéal à nos yeux, et c'est pourquoi ils acceptent aussi mal la critique qui réactive leur blessure originelle. Vous n'avez jamais remarqué comment un homme peut devenir agressif lorsqu'on lui fait une remarque ? Être parfait, voilà leur vœu le plus profond, leur quête infinie. Et pourtant, on ne leur en demande pas tant. Faut-il seulement qu'on leur dise et qu'ils nous entendent ! La plupart du temps, ils préfèrent laisser leur femme décider à leur place tellement ils sont persuadés que, de toute façon, leur décision ne serait pas la bonne. Mais à force de ne pas oser s'affirmer, ils s'énervent, se braquent. Certains exploseront pour un problème quotidien sans importance, d'autres iront s'affirmer dans les bras d'une femme ayant un statut inférieur au leur. C'est pourquoi notre admiration est si importante. Admirons leur virilité, leurs exploits même minimes, admirons leurs érections. Cela leur permet d'enfoncer leurs racines dans la terre. D'ailleurs, notre ventre, symboliquement, représente la terre. C'est dans la matrice que l'homme se ressource, et c'est sa semence qui nous apporte l'énergie pour avancer. Cette notion tantrique me paraît essentielle en ces temps de liberté et de révolution sexuelle. Je milite depuis bientôt trente ans pour que chaque individu puisse avoir la sexualité à laquelle il aspire, pour que chacun soit reconnu dans son identité sexuelle, mais aussi dans ses orientations sexuelles. Or, j'ai parfois peur que la liberté pour laquelle je me bats soit confondue avec une anarchie sexuelle.

J'entends trop de témoignages qui me désolent. Combien de personnes pensent à leur plaisir sans tenir compte de l'autre ? Si la masturbation reste du domaine de l'intimité individuelle, le rapport sexuel concerne deux, voire plusieurs êtres humains. Il devrait donc répondre à quelques règles fondamentales. Cette éthique, je tente de la défendre chaque jour avec la même énergie. Le rapport sexuel est un échange, il s'agit de donner et de recevoir. Comment envisager des relations sexuelles sans se poser la question de ce que l'autre attend ? Dans ce domaine, trop de gens considèrent l'homme égoïste tandis que la femme serait généreuse, toujours prête à satisfaire son partenaire. Cette croyance est caricaturale. Certes, la femme a souvent besoin de se sentir désirable, et tentera de faire plaisir à celui qui saura lui prouver qu'elle l'est. Alors que l'homme a besoin de se rassurer sur ses capacités sexuelles pour se sentir vivant. Lorsqu'on compare ces deux comportements, on voit à quel point l'érection est l'enjeu essentiel de la sexualité humaine. Jusqu'à nouvel ordre, le sexe faible me semble plutôt être l'homme, puisque c'est lui qui risque la panne, la défaillance à tout instant.

Ne serait-ce pas cette fragilité si prégnante qui serait à l'origine du patriarcat ? Afin, sans doute, de laisser à l'homme une place dans le monde. En tant que féministe, je suis bien sûr pour rétablir une certaine parité, mais ne tombons pas dans l'excès inverse. Laissons aux hommes la place qu'ils occupent et qu'ils méritent.

Je me révolte tout autant contre les idées religieuses stigmatisant la femme qui serait une nymphomane incapable de réguler ses instincts sexuels. Le danger actuel est ailleurs, les femmes aiment prendre le pouvoir sur leur progéniture. Il y a d'ailleurs chez de nombreuses féministes, les Amazones étaient peut-être les premières annonciatrices de ce courant, l'idée que procréer sans père serait une avancée considérable. J'entends ces auditrices me parler de leur désir d'enfant. Émilie témoigne et ses paroles résonnent encore dans ma tête : « J'ai trente ans, j'ai préféré avoir un enfant d'abord, il sera toujours temps ensuite de me trouver un mari. » Eh oui, cette jeune femme libérée, pourrait-on dire, a choisi de faire un enfant avec un homme rencontré un soir dans une boîte de nuit et avec lequel elle est sortie durant une semaine. Leur aventure n'aura duré que quelques jours, juste le temps nécessaire pour mettre en route son projet. Bien sûr, il aurait dû prendre ses précautions et mettre un préservatif. Combien d'hommes se font piéger ainsi ? De toute façon, leur partenaire pourra toujours prétendre qu'il y a eu un accident de contraception. Je ne cesse de conseiller aux parents de prévenir leur garçon, car si le risque d'IST (infection sexuellement transmissible) est réel, le danger de se retrouver père sans en avoir la moindre envie est lui aussi bien réel. Émilie voulait cet enfant plus que tout et elle a pris soin de prévenir son amant plus tard, trop tard, afin que la question de l'avortement ne se pose plus. J'imagine que, quand l'enfant aura grandi, elle cherchera un mari pour lui tenir compagnie pendant ses vieux jours ! En tout cas, ce géniteur malgré lui n'a pas eu envie d'assumer cette paternité imposée, mais l'inconscient de cette femme avait fait le bon choix. Ainsi, elle a son enfant bien à elle. On se demande, au fond, quelle idée elle se fait de l'amour. Ce jour-là, Stéphane a pris la parole. Il était révolté, m'accusant de n'avoir pas réagi assez négativement au témoignage d'Émilie. Je l'ai laissé exprimer sa colère, car il fut en quelque sorte le porte-drapeau de la gent masculine silencieuse qui subit ce nouveau phénomène de société. Si nos mères et nos grands-mères ont connu l'angoisse d'être enceintes et les horreurs des curetages, nos filles et nos petites-filles peuvent décider seules d'avoir ou non un enfant. Elles peuvent avorter, accoucher sous X, cacher leur grossesse à l'amant qu'elles auront congédié. Alors que les hommes n'ont pas la possibilité d'avoir un enfant sans l'accord d'une compagne. Les hommes peuvent être privés de leur paternité, mais ils ne peuvent plus y échapper, test ADN à l'appui ! Et l'on continue de nous faire croire à la suprématie masculine ? Il n'est guère étonnant, dans ces conditions, que la science, sorte de pouvoir symbolique masculin, cherche des solutions de procréation qui me semblent assez monstrueuses, mères porteuses ou utérus artificiels...

Parfois, chez certaines femmes, le désir d'enfant ressemble au désir d'avoir une belle maison ou un animal de compagnie, quand ce n'est pas la solution pour pallier une solitude affective. Or, le seul désir d'enfant qui me paraisse concevable est celui qui est partagé par un homme et une femme qui s'aiment et envisagent ensemble de concrétiser cet amour par un être de chair. Car le désir d'enfant existe aussi chez l'homme. Il est peut-être moins viscéral, la fusion ayant été moins longue. Seule la petite fille a la chance, ou la malchance, de pouvoir maintenir une union totale avec sa mère durant de nombreuses années puisque la différence sexuelle n'existe pas. Cette relation trop forte est d'ailleurs toujours dévastatrice, empêchant cette petite fille de devenir une femme à part entière. Elle passera souvent directement de son statut de jeune fille à un statut de mère pour reproduire une nouvelle fusion, cette fois avec son propre enfant. Si c'est un garçon, elle tentera par tous les moyens de le détourner de son père.

Ainsi, le patriarcat a permis à une société en construction de redonner du père et des repères aux enfants. Les enfants qui, rappelons-le, font la société future. Dans les sociétés matriarcales, les êtres humains ignoraient le rôle joué par l'homme dans la reproduction. Les femmes « tombaient » enceintes grâce à une entité divine, ce qui les rendait merveilleuses aux yeux de la tribu. N'est-ce pas plus merveilleux et rassurant de savoir que nous sommes complémentaires et indispensables à la survie de l'espèce ? C'est pourquoi je milite pour que les pères gardent du pouvoir dans le cocon familial. Parfois, je serais presque pour obliger les couples à rester ensemble jusqu'à ce que les enfants aient au moins sept ans. Âge de raison, âge où les fondements de leur personnalité sont établis, sauf, bien sûr, en cas de maltraitance.

Certes, le patriarcat a entraîné de nombreux abus. Il était temps que la femme puisse avoir les mêmes droits que l'homme. Mais le monde change, peut-être un peu trop vite pour que l'humain puisse s'adapter. La condition de la femme a évolué, tout comme celles de l'enfant et de l'homme. On ne demande plus aux mâles d'avoir de la force physique, on ne demande plus aux femelles de mettre au monde des enfants à tout prix. En quelque sorte, en ce début de XXIe siècle, l'être humain dispose de son corps, mais ce n'est pas une raison pour en faire n'importe quoi. Si je défends toujours l'individu, parce que je suis persuadée qu'il est toujours préférable de partir de l'infiniment petit pour aller vers l'infiniment grand, je ne défends pas les valeurs égocentriques de l'être humain. L'ego est le pire ennemi de l'harmonie universelle. Or, quitter l'autre parce qu'il ne correspond pas à toutes nos attentes ou parce qu'il ne nous laisse pas tous les pouvoirs est une attitude égotique.

Le pouvoir, justement. Dans la plupart des couples, la femme détenait le pouvoir de la bourse. La majorité des hommes revenait avec la paye qu'ils offraient à leur épouse qui ensuite gérait l'argent du ménage. Le couple tenait sur des valeurs sociétales peut-être plus solides que nos valeurs d'amour actuelles. Il serait peut-être temps de comprendre le lien sacré qui unit un homme et une femme. Revenons au tantra qui évoque si bien ce lien. Un homme et une femme se complètent parce que, justement, les fragilités de l'un sont compensées par les forces de l'autre. La sexualité en est le symbole évident. Par exemple, une femme doutant de sa féminité recherchera un partenaire aux érections triomphantes car elle imaginera être responsable de cette magie sans cesse renouvelée. Un homme doutant de sa masculinité cherchera une partenaire qui suscite toutes les convoitises de ses congénères. Ainsi, il sera celui qui pourra la satisfaire, celui qu'elle a choisi parmi le troupeau, et il sera rassuré sur les capacités de son pénis.

Le couple parfait n'existe pas, mais nous devons comprendre nos fragilités afin de ne pas rendre sans cesse l'autre responsable de notre souffrance. Le patriarcat a du plomb dans le phallus, à tel point que les hommes connaissent de plus en plus de difficultés narcissiques. Ils ont besoin d'être rassurés, admirés, et rien de tel que de les accepter dans leur intégrité. Souvent, lorsqu'un auditeur va mal, lorsqu'il se sent dévalorisé depuis tant d'années, il suffit de lui montrer à quel point son comportement est positif, de lui dire qu'il est un type bien, pour qu'il reparte en meilleur état. Mais lorsqu'un homme a été cassé, pour qu'il retrouve sa force il faudra parfois des années. Certains, les moins vulnérables sans doute, lorsque leur partenaire leur fait perdre confiance, vont voir ailleurs.

Généralement, les infidèles témoignent en espérant l'absolution de ma part. Que je leur donne bien volontiers. Néanmoins, il me semble important qu'ils ne se trompent pas eux-mêmes. Car derrière les arguments de besoins sexuels, derrière les excuses bien pratiques, il y a souvent une autre motivation, plus secrète certes, mais bien réelle. Retrouver confiance en leur intégrité de mâle.

L'infidélité a longtemps été l'apanage des hommes. Aujourd'hui, les femmes sont en train de les rattraper allégrement et leur conduite n'est pas forcément plus respectable. L'adultère n'est pas condamnable en soi. Du moins pas pour ceux qui travaillent dans le domaine de la sexologie. En revanche, il y a une certaine éthique à défendre. Par exemple, je conseille toujours à l'auditeur, qui m'appelle parce qu'il se pose la question d'aller voir ailleurs, de bien réfléchir à ce qu'il a à gagner et à perdre. Et surtout, je tente de faire résonner en lui toute l'empathie qu'il est censé éprouver pour sa partenaire. Bien sûr, lorsqu'on décide de faire l'amour avec quelqu'un d'autre que son compagnon de vie, on est toujours persuadé qu'il n'en saura jamais rien. Cependant, il me semble essentiel de penser à ce qu'il pourrait ressentir si, justement, la « chose » était découverte. Mon expérience à l'antenne me permet de dire que la tromperie est bien plus souvent révélée qu'on ne le croit. Sans doute parce que l'infidèle véhicule toujours plus ou moins une part de culpabilité dont il se débarrasse en se laissant découvrir. Or, dans le domaine de l'empathie, qualité soi-disant plus féminine, je constate que les hommes sont capables de trésors de générosité.

Nombreux sont ceux qui subissent une abstinence sexuelle, imposée par leur compagne depuis des années, parce qu'ils ne veulent pas franchir le pas, parce qu'ils ont une éthique qui les en empêche. Ils n'osent pas avouer leur souffrance à leur compagne qui a pris le pouvoir sur eux. D'ailleurs, bien souvent, ces épouses qui se refusent à leur mari parce que, prétendent-elles, ça ne les intéresse plus, connaissent un regain de désir lorsqu'elles découvrent qu'il est sur le point de partir avec une autre. Cela prouve à quel point le sexe est un enjeu alors qu'il devrait être un jeu tout au long de la vie du couple. Si l'homme est dominé par sa queue, la femme n'a pas toujours une utilisation parfaitement saine de son sexe !

À part quelques hommes infidèles par nature, les dragueurs invétérés et les époux incapables de s'investir totalement tant qu'ils n'ont pas résolu le syndrome de la madone et la putain, les autres sont plutôt des mendiants de l'amour. Ils vont chercher ailleurs la chaleur qu'ils ne trouvent plus dans leur couple. Ce n'est certainement pas par hasard que la première infidélité survient justement au moment de l'arrivée du premier enfant. À la fois leur compagne les délaisse un peu pour ce bébé si présent et avec lequel elle entretient une relation fusionnelle ô combien épanouissante, mais aussi la venue de ce nouveau-né réactive chez les pères le besoin d'être materné. Sans même s'en rendre compte, ils iront chercher chez une maîtresse la tendresse et l'admiration dont ils rêvent. Certes, l'insatisfaction sexuelle est souvent le premier prétexte invoqué lorsqu'un auditeur témoigne de son infidélité. Certes, il y a un manque de rapports sexuels dans le couple. Mais lorsque notre dialogue s'instaure, c'est toujours le manque d'amour qui resurgit. Leur femme ne les aime plus, du moins c'est ce qu'ils me disent. Elle ne les regarde plus, ne s'intéresse plus à eux, ne s'occupe plus d'eux.

Bien sûr, c'est également la recherche de nouveauté qui pousse les hommes à faire l'amour avec d'autres femmes. Néanmoins, plus qu'un nouveau corps, c'est une expérience plus intense qu'ils recherchent. « Si seulement mon épouse avait accepté des rapports sexuels ailleurs que dans la chambre à coucher... » « Si seulement elle avait supporté un peu de lumière lors de nos ébats... » Ces témoignages récurrents indiquent bien à quel point l'homme reste un aventurier à la recherche de nouvelles sensations. Comme je le comprends ! Comment, après cinq, dix ou vingt ans de relations sexuelles, avec toujours le même rituel, ne pas avoir envie de découvrir autre chose ? Si la femme est capable de parler de ses frustrations, l'homme, toujours à cause de son principe actif, aura plutôt tendance à chercher une solution pour les résoudre. Alors, après des années de masturbation, si à un certain moment une femme passe dans son périmètre, pas forcément jolie d'ailleurs, mais prête à se laisser séduire, il franchira le pas sans réfléchir. Au départ, il fonce tête baissée et queue relevée. Après seulement, la question de l'adultère se posera. Pour beaucoup de ceux-là, la faute n'est pas réelle puisqu'ils n'ont pas cessé d'aimer leur femme. À leurs yeux, cet intermède sexuel n'a guère d'importance. C'est pourquoi ils ont autant de mal à comprendre la douleur de leur compagne. Au lieu d'être dans l'empathie, ils tombent dans le piège de la culpabilisation. Ils acceptent alors des règlements de comptes qui n'en finiront plus.

Je les entends témoigner, les mots sont toujours les mêmes. « J'ai fait une grosse bêtise... » Parfois, la bêtise consiste à avoir juste échangé des mails. « Je suis coupable, j'ai fauté, elle n'arrive pas à me pardonner. »

Ils n'avaient pas vraiment mesuré les risques, ils n'étaient certainement pas prêts à perdre leur épouse pour quelques minutes de jouissance. Maintenant, ils sont prêts à tout supporter pour que leur couple ne se brise pas. Ils ont du mal à comprendre qu'elle n'aura jamais fini de leur faire payer cet écart qui était pourtant programmé. Mon rôle consiste à leur montrer à quel point une infidélité est souvent une question de couple. La plupart du temps, on va voir ailleurs parce qu'il nous manque quelque chose. Mais ils ont bien du mal à m'entendre tant ils ont besoin de se sentir coupables. J'insiste alors en leur démontrant que leur comportement de coupable renforce l'attitude de leur femme. Dans une relation de couple, le rapport de force est sans cesse présent. Cette lutte de pouvoir incessante est sans aucun doute le premier obstacle à l'harmonie.

De nombreuses aventures commencent par des échanges verbaux. L'un se sent un peu délaissé par son épouse, l'autre a le sentiment que son partenaire n'est plus assez présent. Ils ont enfin trouvé une oreille attentive. Ils se sentent compris, se rapprochent, se téléphonent, prennent un café, un apéritif. Un jour où l'un des deux est particulièrement triste, ils se prennent dans les bras pour se consoler et l'attraction charnelle fait le reste. Ni l'un ni l'autre, à cet instant, n'envisagent de quitter leur partenaire. Parfois, la relation se terminera en douceur, mais le plus souvent l'un ou l'autre ressentira un malaise de plus en plus profond. Il éprouvera alors le besoin de témoigner, et il me sera toujours délicat de lui donner un conseil judicieux. Pas question bien sûr de juger qui que ce soit, pas question de briser le couple, il s'agira juste d'aider l'auditeur à prendre conscience qu'il se trouve à un carrefour de sa vie affective. De l'inciter à se donner du temps pour réfléchir à la direction à prendre pour les prochaines années et, surtout, à rester très prudent. Je suis étonnée du nombre de fois où l'infidèle aura été découvert à cause d'indices qui auraient facilement pu être dissimulés. Dans ces histoires d'adultère, les hommes ne seraient donc pas malins, et les femmes feraient de vrais détectives ? Non. Je crois plutôt que l'homme a besoin d'être pris parce qu'il n'en peut plus d'une situation bancale qui ne lui convient pas, et plutôt que de continuer partagé entre deux êtres, il préfère provoquer le chaos. Pour maintenir une liaison parallèle sur le long terme, il faut une force intérieure considérable.

Christophe témoigne parce qu'il se sent coupable, parce qu'il ne se comprend plus. Après un divorce difficile, il a enfin trouvé l'âme sœur, du moins le croit-il. Et puis, après la naissance de leur premier enfant, cette femme qui pourtant avait une attirance indéniable pour lui se détourne, se refuse de plus en plus souvent. Leur chambre d'amour devient une chambre à dormir. Ils ne font pratiquement plus l'amour, lorsqu'il tombe sous le charme d'une passante. Évidemment, leur relation est torride, aussi sexuelle que l'autre, la relation principale, est devenue sans sexe et sans saveur. Le problème, c'est que Christophe ne s'aime pas dans ce rôle de mari infidèle, il n'assume pas cette passion coup de foudre qui dure maintenant depuis cinq mois. Il m'appelle parce qu'il vient d'apprendre que son épouse est à nouveau enceinte. Christophe a désiré autant qu'elle ce deuxième enfant. Il lui avait pourtant juré fidélité, comment a-t-il pu ? Il n'est pas prêt à supporter un second divorce qui, de plus, le priverait de la présence de ses enfants, mais sa passion le dévore et une rupture est impossible à envisager de ce côté-là aussi. Christophe aurait l'impression d'être amputé d'une part de lui-même. Cette part qu'il n'a pas su entretenir avec sa moitié. Cet exemple est banal. Tous les jours des hommes prennent une maîtresse pour se sentir exister. Ils connaissent au moins autant que la femme ce vide intérieur qui fait peur, cette impression de solitude alors qu'on vit à deux. Tant que l'on compte sur l'autre pour nous remplir, nous risquons de devenir infidèles lorsque nous nous sentirons un peu trop mal. Généralement, on considère que l'homme trompe parce qu'il cherche du sexe, tandis que la femme cherche de l'amour. Certes, au départ, un homme vit plutôt une aventure sexuelle qui se transformera en relation passionnelle, tandis que la femme commencera à parler d'amour pour ensuite le faire. Mais, à l'arrivée, le résultat n'est pas bien différent !

L'homme autant que la femme aspire à la fidélité. Nous rêvons tous d'une relation unique et durable, sinon les belles histoires d'amour n'auraient pas autant de succès. Seulement, l'homme a vraiment du mal à faire l'impasse sur sa sexualité. Doit-il pour cela être jugé coupable d'être allé chercher ailleurs ce qu'il ne trouve plus chez lui ? Un couple qui ne fait plus l'amour n'est pas un couple mais une association de copains. L'homme infidèle, en revanche, doit rester discret, mais sa culpabilité, ce besoin de transparence qui justifie souvent celui de punition, l'amène à l'aveu. La femme infidèle, elle, sait généralement beaucoup mieux gérer sa double vie durant le peu de temps que celle-ci va durer. Ensuite, elle saura trancher en prenant la décision de rompre l'une ou l'autre relation.

Les femmes quittent plus facilement le mari pour partir avec l'amant. Mais ne parlons pas là de courage ou d'honnêteté. Elles peuvent le faire tout simplement parce que le lien entre sexe et cœur existe chez elles. Chez l'homme, ce lien a bien du mal à se tisser. Il croit le plus souvent qu'il a eu une aventure uniquement sexuelle sans se rendre compte à quel point celle-ci était nécessaire à son cœur, et j'irai même jusqu'à dire à son âme. Très souvent, je rappelle aux hommes qu'une aventure ne doit pas durer plus d'un an, au risque de se retrouver piégés, amoureux de leur maîtresse. Le choix sera alors bien difficile. Évidemment, peu d'entre eux m'écoutent.

Nous avons tous besoin de nourrir notre âme et je ne connais que deux moyens : la spiritualité et l'amour. L'amour au sens de sensuel bien sûr, car si l'on parle d'amour platonique, nous entrons aussitôt dans la première catégorie. Pourquoi pas, d'ailleurs, si épouser la foi permet de se sentir bien et de vivre heureux ? Même si je défends la sexualité depuis toujours, je n'ai aucun problème avec les personnes qui ont fait vœu d'abstinence et ont offert leur corps à un Être suprême. Elles ont de la générosité, et l'humanité nécessaire. Seuls les frustrés de tous bords qui se réfugient dans la religion pour éviter des souffrances trop violentes sont à craindre. Depuis des millénaires, les fanatiques ont mis le monde à feu et à sang au nom du dieu Amour. Or, dans notre société actuelle où la religion disparaît et la spiritualité a bien du mal à trouver sa place, le sexe a pris le relais et devient omniprésent, étouffant par la même occasion sa dimension sensuelle et amoureuse. Ainsi, la pornographie s'étale sur Internet et le sexe envahit la publicité. Bientôt, il y aura plus de jouets intimes dans les foyers que de chapelets ou de croix.

Loin de moi l'idée de censurer le sexe, même hard, je suis farouchement contre toute censure car la censure ne peut qu'être subjective et antidémocratique. En revanche, le meilleur moyen de lutter contre cette avalanche de sexe serait de redonner de l'amour et du sacré dans notre société, ce à quoi je m'applique tous les jours à l'antenne, et je suis persuadée que le succès grandissant de cette émission tient en partie à cela. Notre civilisation occidentale a toujours séparé le corps de l'esprit, tout comme elle a séparé la spiritualité de la matérialité. En Orient, le corps fait partie d'un tout. On peut, grâce au tao ou au tantra, s'élever spirituellement sans flageller ou renier son corps. Ne croyez pas pourtant qu'il n'y ait pas de notion de faute, la pénitence est ailleurs. Le karma est aussi compliqué à dépasser que notre culpabilité occidentale. Durant de longues années, il m'a semblé que le fonctionnement oriental était préférable, sans doute justement parce qu'il respectait le corps dans sa dimension sensuelle. J'en suis revenue, car je ne crois pas à l'extinction de nos désirs, du moins dans une vie harmonieuse et sensuelle. Seuls quelques ermites seront capables d'emprunter ce chemin-là, mais nous avons bien nos prêtres, nos rabbins, nos imams. Sans désir, nous sommes à demi morts ; il est la clé de voûte de notre être profond, le moteur de notre existence.

Or, l'homme est en relation immédiate avec son désir. Je l'envie parfois, cela doit être si agréable de sentir une part de soi réagir à la moindre sollicitation érotique, encombrant aussi, certes, mais au moins, eux savent à coup sûr lorsque le désir les envahit. Pour nous, tout est si complexe. Alors que nous avons besoin d'un peu de concentration pour sentir les émois qui se bousculent dans notre ventre, l'homme sait aussitôt qu'il a éprouvé une excitation. Il est capable d'avoir des érections sans même comprendre pourquoi. Plutôt que de stigmatiser les hommes et leur pénis en figure de proue, je préfère les aider à canaliser cette énergie somme toute plutôt positive. Un homme qui bande est un homme en vie. En acceptant cette évidence, il sera ensuite possible pour tout le monde d'avancer et qu'hommes et femmes s'entendent sexuellement. Ainsi, il ne s'agit pas de stopper cette érection, mais de l'accepter. Ne castrons pas l'homme, aidons-le à devenir plus humain et moins bestial. Aidons-le à ne plus confondre envie et besoin. Parce qu'un homme qui a une vigueur érectile n'est pas dans le besoin. Cette nuance semble subtile, elle est pourtant essentielle. Car si l'homme accepte son envie sans se sentir obligé de la satisfaire comme s'il en allait de sa survie, il pourra aller vers sa compagne sans être dans une demande la plupart du temps ressentie comme agressive. Après tout, nous sommes constamment obligés de refréner nos envies : envie de boire de l'alcool, envie d'avoir des objets de luxe, envie de s'amuser alors qu'il faut aller travailler... Seuls nos besoins doivent être assurés et ils sont au final assez limités : besoin de boire, de manger et de dormir. Ils répondent à des nécessités d'ordre biologique, tandis que nos désirs, eux, sont de l'ordre du psychologique. Seule la sexualité reproductive est certes indispensable à la survie de l'espèce mais nullement à celle de l'individu. Nous ne sommes pas des bêtes poussées par nos instincts.

Pour moi, les obsédés, ce ne sont pas les hommes qui bandent pour un rien mais ceux qui se sentent obligés de nous embêter avec leurs érections. Un homme qui, parce qu'il bande, veut absolument aboutir à un rapport sexuel est, en effet, un être plus proche de ses instincts animaux que de son âme. Mais ce n'est pas en le stigmatisant qu'on l'aidera à s'élever spirituellement. Quel que soit notre travers, nous devons tout d'abord en prendre conscience pour ensuite parvenir à le dépasser. De toute façon, dans un couple, la femme peut refuser le rapport sexuel comme le fait la femelle de nombreux mammifères lorsqu'elle n'est pas prête pour le coït. Vous ne verrez jamais un mâle violer une femelle. Dans le monde animal, le mâle demande et la femelle dispose.

André témoigne parce qu'il se sent mal chaque fois que son épouse se refuse à lui. Pourtant, il est obligé de reconnaître qu'ils font souvent l'amour, bien plus que la moyenne nationale, dit-il ! Il se supporte mal dans cette attitude d'obsédé sexuel mais c'est plus fort que lui, lorsqu'elle dit non, il ne peut s'empêcher de bouder durant des heures. La voix de cet homme est révélatrice de ses angoisses existentielles. Il n'est pas sûr de lui et dès qu'un stimulus négatif l'envahit, il a besoin d'un rapport sexuel. Certains se calment en glissant une cigarette à la bouche, lui recherche la moiteur réconfortante de sa compagne. En effet, le sexe est un excellent antidépresseur. Si André n'a pas sa dose, en l'occurrence un rapport sexuel car une masturbation ne lui suffit pas (ce qui montre bien qu'il a besoin d'amour et non pas simplement d'éjaculer), il se sent mal à tel point qu'il en veut à son amie devenue responsable de sa souffrance. C'est bien connu, le meilleur moyen d'évacuer un mal-être est de le projeter sur quelqu'un d'autre ; notre partenaire se révèle alors souvent la cible idéale.

Comment aider André à trouver d'autres moyens de calmer ses angoisses ? Peut-être en lui apprenant à accepter des moments de câlins tendres sans forcément aboutir à un rapport sexuel. Seulement, pour cela, il a besoin de la complicité de sa femme. Pourra-t-elle accepter de lui donner cette tendresse réparatrice ? Combien de couples acceptent de voir cette verge se tendre entre eux sans forcément se sentir obligés d'éteindre la flamme ? Si le pénis est un pont entre l'homme et la femme, la tendresse en est un autre tout aussi solide. Si la tendresse était vraiment présente dans les couples, les incompréhensions sexuelles seraient beaucoup moins fréquentes. Pourquoi tant de femmes se sentent-elles agressées par cette érection ? Sans doute parce qu'elles en ont peur, mais aussi parce qu'elles l'envient. Elles veulent la posséder, mais ne savent pas l'intégrer. Combien de femmes préfèrent ignorer que leur compagnon se masturbe mais entrent dans des états de rage incontrôlés si elles le découvrent en érection devant l'écran de l'ordinateur à visionner des images pornographiques ? Pourquoi vouloir à tout prix posséder le corps, le plaisir, chaque orgasme de l'autre ? De toute façon, nous ne pourrons jamais vérifier la fantasmatique de notre partenaire. Ses images intérieures lui appartiennent et heureusement.

Bien sûr, ces heures de visionnage pornographique n'ont rien de sacré, mais ce n'est pas en essayant de les interdire que le problème se réglera. Ce comportement s'apparente à une fuite, une « addiction » comme disent les psys. Un drogué aimerait bien se passer de sa drogue mais ce n'est pas en le stigmatisant qu'on l'aidera à s'en sortir. Il rêve d'un ailleurs qui lui paraît inaccessible. En lui apportant l'amour au sens du sacré, il pourra peut-être se libérer de son poison et trouver d'autres béquilles. L'abus de sexe, les comportements sexuels intensifs trahissent toujours une vulnérabilité, une sensibilité exacerbée et un manque d'assise. Trouver la voie du milieu n'est jamais simple. Dans mes expériences plutôt torrides, j'ai connu de nombreux passionnés de sexe qui sont devenus des illuminés. Combien d'années m'a-t-il fallu, personnellement, pour arriver à cet équilibre qui me permet de transmettre en toute légitimité ? D'ailleurs, suis-je vraiment guérie ? Pas sûr, si j'en crois mes désirs profonds d'idéal qui me submergent encore trop souvent. Mais en ce qui me concerne, j'ai suffisamment travaillé sur moi-même pour pouvoir canaliser mes états d'âme critiques sans me jeter aussitôt à corps perdu dans une aventure charnelle. Tout le monde n'a pas cette capacité. Et si j'ai quitté les extases sexuelles, je reconnais avoir aujourd'hui besoin de me plonger dans l'extase mystique, certes moins dangereuse. Le tarot ne risquera pas de me transmettre le VIH, la méditation ne me rendra pas accro et l'astrologie ne m'entraînera plus sur des chemins de traverse. Certes, tous ces dérivatifs sont mieux acceptés par la société, mais ne sont-ils pas tout aussi révélateurs de ma vulnérabilité ? C'est pourquoi je ne peux avoir qu'une grande indulgence envers ces hommes épris de sexe et qui témoignent en toute sincérité, osant se montrer sous leurs mauvais aspects. Le premier secours que je tente de leur apporter consiste à les aider à s'accepter. Ensuite, ils apprendront à mieux se connaître et trouveront sans doute les clés pour aller vers un amour moins sexuel, plus noble. Tant mieux si certains atteignent le sacré.

L'amour existe à plusieurs niveaux. Le premier, *porneia*, souvent caractérisé par l'oralité, est illustré par le bébé en adoration pour sa mère. Celui-là, nous l'avons tous subi, cet amour inconditionnel mais terriblement dépendant. Le plus connu est bien sûr *éros*, l'amour sexué. Nous devrions tous le connaître, à condition toutefois de dépasser notre condition primaire affective. Mais n'excluons pas *philia*, ces amours platoniques, ces amitiés profondes grâce auxquelles de nombreux actes d'amour se perpétuent de par le monde. Quant à l'amour universel, cet *agapê* dont trop de gens parlent sans vraiment le connaître, il est essentiel. Cet amour humaniste se trouve enfoui en chacun de nous. Il peut se manifester sous la forme d'amour divin, de l'amour de la nature ou des animaux, ou tout simplement par des gestes de solidarité humaine anodins de prime abord. Je reste persuadée qu'en chacun de nous ces graines d'amour existent, et c'est en aidant ces hommes obsédés par leur verge à trouver d'autres chemins qu'ils parviendront à se détacher de leurs compulsions sexuelles. De toute façon, à partir du moment où ils ne brutalisent pas leur partenaire, ils ne causent de tort à personne. J'ai toujours été surprise de ces jugements négatifs sur les êtres qui s'adonnent à une sexualité excessive. Le sexe est peut-être une drogue, mais il ne nuit pas à notre santé. Ce serait même l'abstinence qui pourrait porter atteinte à la longévité de l'individu !

Dès notre venue sur terre, notre rencontre avec l'amour est absolue et aliénante, mais en principe cette dépendance totale doit aboutir à une relation suffisamment forte et sécurisante pour nous permettre de nous aimer. Du « Je t'aime » inconditionnel qui habite le bébé durant les premiers temps de son existence, un « Je t'aime » en retour de la part de sa mère doit lui permettre de s'individualiser. Puis, peu à peu, après de longues années et de nombreuses luttes entre son moi intérieur et le monde extérieur, l'enfant se construira et se sentira suffisamment aimable pour aller vers l'autre. Cette aventure, on le comprend et je le vérifie tous les jours, connaît de nombreuses péripéties et de graves incidents. Pourtant, il est toujours possible de réparer un moi vacillant, il est toujours possible d'apprendre à s'aimer. Car tant que nous ne nous aimons pas suffisamment, nous aurons du mal à réussir une relation à deux. L'un des éléments les plus dénigrés dans cette « rencontre du troisième type » est sans doute notre sexe qui affiche sa différence avec parfois trop d'arrogance. Comment un homme pourrait-il s'aimer si sans cesse on lui nie le droit d'arborer son érection ? Comment une femme pourrait-elle s'aimer si on lui refuse le droit d'avoir un clitoris ?

J'affirme que la masturbation est un moyen efficace de se faire du bien physiquement mais aussi moralement. Voilà pourquoi il est nécessaire de dépasser les blocages culturels et religieux. Combien de femmes n'osent pas s'adonner à ce plaisir, laissant ce soin à un partenaire pas toujours très habile, attendant tout de ce prince charmant qui n'a rien, justement, d'un magicien ? Or, si la femme apprenait à comprendre comment est déclenché son plaisir, car toutes les femmes ne jouissent pas de la même manière, elle pourrait fournir des indications précieuses à son amant. Les hommes sont certes souvent un peu patauds, mais je n'adhère pas à ce dicton selon lequel « il n'y a pas de femmes frigides, il n'y a que des hommes maladroits ». La femme est avant tout responsable de son plaisir et de sa jouissance. Si elle n'obtient pas d'orgasme, c'est d'abord par rapport à elle-même que la question doit se poser. La libération sexuelle a été particulièrement bénéfique pour les femmes. On leur reconnaît le droit au plaisir, mais surtout, les hommes ont découvert l'importance du clitoris dans la jouissance féminine. Faut-il encore qu'on leur en fournisse le mode d'emploi ! Certains croient en toute bonne foi s'en occuper correctement. Avez-vous déjà comparé une caresse sur un objet d'au moins dix centimètres qui manifeste immédiatement l'efficacité de votre geste et une caresse sur un petit bout de chair d'à peine un centimètre qui ose timidement sortir le bout de son nez ? Avouez qu'il est tout de même plus facile de réussir une fellation qu'un cunnilingus ! Alors soyons un peu indulgentes vis-à-vis de tous ces hommes qui n'y arrivent pas du premier coup de langue.

Les bons amants ont eu de bonnes maîtresses. À chaque femme d'oser aider son partenaire à bien s'occuper d'elle. Les hommes sont souvent plus ouverts que les femmes pour modifier leurs comportements sexuels. S'ils s'y refusent, c'est par peur de perdre leur érection. La plupart des hommes qui zappent les préliminaires sont terriblement inquiets à cette idée. Si on les rassure, si on les aide à retrouver leur érection au moment de la pénétration par quelques gestes adaptés, ils parviennent à se détendre et sont alors bien plus concentrés à nous donner du plaisir. Enfin, pour tous les maladroits ou ceux, et ils en ont bien le droit puisqu'on l'accorde aux femmes en ce qui concerne la fellation, qui n'aiment pas y mettre la bouche, il existe toute une panoplie de jouets intimes qui peuvent pallier cette gêne ou ce dégoût. Bien souvent, lorsqu'ils découvrent à quel point leur partenaire se lâche après une jouissance clitoridienne, ils finissent par avoir envie d'aller y voir de plus près et d'y mettre le bout du nez. Notre sexualité évolue au fil des années, l'homme est tout aussi capable que la femme d'évoluer. Ses doigts deviennent plus doux, sa langue plus habile et ses reins plus résistants.

Serions-nous encore à l'âge de pierre ? Certes, à cette époque préhistorique, le couple avait une utilité, il était même indispensable puisqu'il permettait d'élever une nombreuse progéniture. Aujourd'hui, ce ne sont plus les enfants qui font la solidité d'un couple puisque beaucoup ayant des enfants en bas âge demandent pourtant le divorce. Serait-ce alors l'amour, le lien qui unirait deux êtres ayant fait le vœu de vivre ensemble ? Pas si sûr. Alors pourquoi le couple ne résiste-t-il plus à l'usure du temps ? Les hommes savent bien que l'amour ne suffit pas. Ils sont plus pragmatiques que la majorité des femmes. D'ailleurs, certains n'hésitent pas à aller chercher une épouse dans une autre contrée car, au moins, une Russe ou une Coréenne saura apprécier la valeur d'un bon mari.

Les femmes, malgré leur libération, restent engluées dans l'idée que l'amour est le remède miracle, l'ingrédient suffisant pour maintenir l'union. Et ce sera souvent à cause d'une impression pas toujours fondée de manque d'affection qu'elles décideront de rompre. Pour qu'un couple dure, les femmes répondront toujours : amour. Les hommes, eux, préféreront penser : sexe. Ces réponses semblent bien caricaturales. De toute façon, aucune femme n'aura la même définition de l'amour tout comme aucun homme n'aura la même vision de la sexualité. Non, ce qui maintient le lien, ce sont des valeurs communes, des goûts identiques, un projet de vie qui feront l'engrais fertile de la relation.

Mon expérience me permet de dire que le couple repose sur quatre piliers : la conviction d'appartenir à la même famille et de la construire, l'impression d'être dans une vraie intimité, la certitude d'aller dans la même direction et le sentiment de partager des moments agréables ensemble. Qu'importe si l'un de ces quatre piliers est un peu bancal, à condition que les trois autres soient suffisamment solides. Néanmoins, si l'un est totalement manquant, le couple résistera difficilement à l'épreuve du temps. À la première crise, les autres supports risquent d'être mis à mal. Dans cette optique, on comprend bien que finalement, le sexe n'est pas aussi essentiel, ni l'amour d'ailleurs. En revanche, l'intimité se révèle nécessaire.

L'intimité dépend de nombreux paramètres. Elle commence dès le premier geste d'attention pour aller jusqu'aux ébats torrides. Entre ces deux extrêmes, règnent tendresse, sensualité, désir, plaisir, joie. Un moment de bonheur partagé à deux est un moment d'intimité. Ne dit-on pas que les amoureux sont seuls au monde ? S'ils savent se prendre la main à cette occasion, ils nourrissent leur âme, consolident le lien qui les unit. Or, si pour une raison quelconque, ils n'osent pas se toucher, alors leur intimité est en danger.

Les femmes sont souvent plus douées pour l'intimité que les hommes ; pour eux, l'érection brouille les pistes. En revanche, une fois qu'ils ont compris qu'ils pouvaient être en érection sans que cela ne nous dérange ou ne nous excite, alors seulement ils parviennent à comprendre ce que signifie l'intimité. Par exemple, un homme qui bande lors d'un massage se sent souvent gêné par cette manifestation qui n'indique pourtant qu'un bien-être intérieur. Si les mains d'un masseur apportent ce réconfort, il aura tôt fait d'imaginer qu'il a des tendances homosexuelles. Je suis frappée de constater à quel point le toucher reste tabou dans notre société. Dans certaines contrées, en Russie par exemple, les hommes s'embrassent sur la bouche sans qu'il y ait la moindre connotation homosexuelle. Dans notre monde occidental, prendre un ami dans ses bras s'il a du chagrin peut déjà être interprété comme une invitation sexuelle. Pourquoi avons-nous si peur de nous-mêmes ? Serions-nous tellement frustrés depuis notre prime enfance pour redouter autant ces contacts corporels ?

J'invite toujours les couples à prendre un bain ensemble, à pratiquer des séances de massage, des exercices de Tao en duo. Ces passe-temps divers auront un effet bénéfique, non seulement sur leur sexualité mais sur leur être tout entier, ils nourriront leur intimité. Avez-vous remarqué à quel point, pendant les vacances, notre stress diminue ? Alors que durant l'année, le moindre incident peut provoquer un conflit. Notre corps est le baromètre de notre psychisme. Nous croyons n'avoir aucun repère sur notre monde intérieur alors que notre enveloppe charnelle nous en donne tous les indices. Si je crois aux vertus du langage, sinon je ne pourrais pas animer cette émission de radio, je crois tout autant aux vertus du corps. Des blocages sexuels seront souvent plus faciles à lever grâce à des exercices physiques que grâce à de longues thérapies basées uniquement sur la parole.

Bougez, dansez, photographiez-vous, massez-vous, entretenez votre corps, mangez sainement, faites du sport, dormez suffisamment, faites l'amour pour renforcer votre système immunitaire. Seulement voilà, s'occuper de son corps est souvent considéré comme une tendance narcissique. Si les hommes s'autorisent le sport ou la musculation, ils hésitent à prendre soin de leur corps. Pourtant, ces attentions auraient des effets bénéfiques incontestables sur leur sensualité. Être attentif à des sensations qui sont de l'ordre du plaisir constitue une première démarche pour prendre conscience de son corps sans passer systématiquement par la case organes sexuels ! Pourquoi est-il si compliqué pour eux de s'intéresser à leur corps autrement que par un sport, forcément viril, ou une masturbation, forcément sexuelle ?

Droit au but, pas de perte de temps, efficacité oblige, tels sont les leitmotive qui marquent le psychisme masculin. Toujours au nom de cette nécessité d'être actif, toujours cette peur de la passivité qui rappellerait trop le féminin. Les seuls hommes qui auraient droit à la contemplation sont les religieux parce que, justement, ils sont asexués. Les autres doivent agir sous peine d'être jugés nuls et inutiles. Si Dieu symbolise plutôt le masculin dans sa toute-puissance, son autorité naturelle, l'âme serait plutôt de nature féminine. Parce qu'elle est notre partie intime, intérieure, cette partie qui nous fait naître et grandir à l'infini, cette part de nous qui nous permet d'accéder à Dieu. Or j'entends tous les jours des auditeurs qui ont une âme, une belle âme pleine d'empathie, de respect pour la création, avec une compréhension des choses subtiles. Ils aiment profondément la Femme, mais ne sont pas tous vraiment capables de former un couple durable. J'ai longtemps eu du mal à comprendre pourquoi ces hommes, avec une si belle âme, étaient tellement en difficulté avec l'amour et les femmes. Lorsqu'ils témoignent, ils vantent notre féminité, veulent à tout prix nous faire plaisir, mais ne savent pas comment se situer. Comme s'il leur était impossible de jongler avec leur passivité intérieure et cette activité extérieure nécessaire à l'acte sexuel. Comme s'ils avaient l'impression, en devenant virils, de perdre cette part harmonieuse qu'ils ont eu tant de mal à laisser paraître et à accepter.

Ainsi, il semblerait bien que ces hommes modernes, un peu féminins, se soient construits par défaut, niant qu'ils sont d'abord des hommes. En général, ils sont plutôt attirés par des femmes à fort tempérament, mais ils ont trop peur d'être écrasés par une personnalité à laquelle ils ne sauraient résister. Quelle partenaire pourrait leur convenir ? Tant que l'on refusera de sortir des stéréotypes masculins-féminins, une grande catégorie d'hommes restera sur le pas de la porte, passant à côté d'une vie affective à laquelle ils aspirent pourtant de tout leur cœur. Quel dommage ! Car ces hommes sont extraordinaires. Ils sont attentionnés, sensibles, sensuels, avec toutes les qualités requises pour satisfaire les femmes. Mais malheureusement, les femmes veulent toutes ces qualités, certes, mais elles veulent aussi leur contraire. Ces hommes leur semblent trop mous. Beaucoup de femmes associent souvent leur sensibilité à de la mollesse. Quant aux autres, elles auraient trop peur d'être comblées. Comme si elles n'acceptaient pas d'être plus heureuses que leurs mères qui, pour la plupart, ont dû subir un mari un peu trop macho.

Ces hommes laissant apparaître leur *anima* dont parle Jung sont *a priori* assez faciles à vivre. Surtout si nous savons leur montrer que nous aimons leur sensibilité et que nous ne la confondons pas avec une quelconque fragilité. À quoi sert la force physique au XXIe siècle ? Nous n'avons plus besoin de gladiateurs ! Les qualités d'un homme sont ailleurs, à présent. Le monde change, mais nous ne laissons toujours pas aux hommes la possibilité d'être différents. Qu'attendent aujourd'hui les femmes d'un homme ? Si j'en crois les auditrices, elles voudraient un compagnon qui les comprenne, qui les épaule, sur qui elles puissent compter. Or ces hommes aux âmes sensibles sont capables d'être présents à nos côtés dans les pires difficultés. Ces hommes savent accompagner leur épouse durant une longue maladie et, bien sûr, ils participent à la grossesse, assistent à l'accouchement. Ensuite, ils sauront élever leur progéniture sans rechigner, même pour les tâches ingrates. D'ailleurs, ces nouveaux hommes expriment leur souffrance lorsqu'ils sont séparés de leurs enfants, ce qui arrive malheureusement de plus en plus souvent puisque peu de femmes acceptent de rester avec ces maris quand elles découvrent qu'ils n'ont pas la virilité stéréotypée. Au départ elles désiraient un prince charmant, mais très vite elles espèrent le super-héros tout-puissant, capable de leur apporter le Saint Graal.

Pour cette catégorie d'hommes, ne plus voir leurs enfants est un déchirement profond, ils se sentent dépossédés, blessés dans leur chair, et en demeurent longtemps meurtris. Certains sont prêts à accepter n'importe quelle condition pour se maintenir au sein de leur famille. Plus tard, lorsqu'ils auront à nouveau un enfant avec une autre femme plus à l'écoute de leur véritable personnalité, alors seulement ils parviendront à s'épanouir vraiment. Quel gâchis ! Combien de pères auront été privés de leurs enfants, mais aussi combien d'enfants n'auront pas pu grandir auprès de leur géniteur pourtant capable de leur apporter ces repères nouveaux si positifs ? Certes, un enfant a besoin de sa mère, surtout lorsqu'il est très jeune, mais il a tout autant à gagner en restant auprès de son père. Or ces pères, pourtant si formidables, ne savent pas s'imposer. J'ai parfois envie de les secouer, de les éveiller à la réalité actuelle : allons, messieurs, redressez-vous ! Trop gentils diraient certains, trop effacés pensent d'autres. Je crois plutôt qu'ils respectent trop la femme-mère pour oser imposer leurs désirs les plus profonds et pourtant tout aussi légitimes, à moins qu'ils doutent de leurs capacités à tenir leur rôle de parent. Pourquoi n'auraient-ils pas autant le droit d'élever leur enfant ? Pourquoi continue-t-on de donner la priorité de la garde à la mère ? L'habitude, sans doute, cette fameuse croyance que l'instinct maternel est inné.

D'ailleurs, comment comprendre qu'un couple puisse rompre aussi vite après la naissance d'un bébé ? Bien sûr, en cas de maltraitance ou de violence conjugale, la séparation est préférable, mais la plupart du temps la rupture est envisagée par la femme qui ne supporte plus son partenaire, ou qui en a déjà choisi un autre avec lequel, d'ailleurs, elle aura un autre enfant pour à nouveau le congédier une fois son rôle de géniteur accompli. À quel moment pense-t-elle au bien-être de son bébé ? Il me semble, à écouter chaque jour ces cœurs meurtris, que les hommes hésitent toujours à mettre fin à une histoire d'amour car ils se sentent beaucoup plus « chargés de famille ». Mais comment peut-on en arriver à se séparer seulement un ou deux ans après la naissance d'un enfant qui, en principe, avec les moyens de contraception aujourd'hui à notre portée, a été un enfant de l'amour ? Cela traduit un malaise qu'il serait temps de prendre en compte. La naissance d'un enfant réactive les luttes de pouvoir entre l'homme et la femme, le père et la mère. Devenir parent réveille des complexes inconscients et des besoins de réparation. L'enfant, qui devrait être la rencontre et le mélange de deux familles, parfois même de deux cultures, se trouve alors écartelé entre les désirs de l'un et les fantasmes de l'autre. Avez-vous remarqué, en cas de divorce, le nombre de gens qui montent, parfois même sans s'en rendre compte, leurs enfants contre l'autre parent ? Qui va gagner ? Sûrement pas l'enfant, en tout cas. Qui, au bout du compte, sera celui qui pourra posséder l'enfant ?

J'ose également affirmer que je suis contre cette nouvelle loi qui permet d'accoler le nom de famille de la mère à celui du père. Si je crois aux valeurs féminines et masculines qui cohabitent en chacun de nous, il me semble nécessaire de donner à la société des repères clairs. Le nom du père est le socle sur lequel se construit une famille. Y mettre du féminin, c'est instaurer une confusion. C'est tenter d'oublier qu'un petit sera toujours issu d'un mâle et d'une femelle. Nous ne pouvons nous comprendre que lorsque nous avons vraiment assimilé notre lignée, maternelle *et* paternelle. Or les questions de filiation sont plus souvent abordées chez, et par, les femmes, sans doute grâce à cette capacité d'introspection plus inhérente à la nature féminine. Le nom de famille nous oblige à nous confronter à la lignée paternelle de nos origines. Pourquoi, à une époque où les pères sont en danger, vouloir supprimer cette trace indélébile ? Nous partons vers l'extrême inverse.

L'amour, difficile à définir, est un sentiment entre deux êtres, un courant attractif qui va de l'un à l'autre, et plus l'équilibre existe entre les deux partenaires, plus l'amour sera harmonieux. Comment un enfant qui a connu l'amour exclusif d'une mère pourra-t-il plus tard concevoir l'amour en couple ? Bien sûr, sa mère l'aimera, trop sans doute, de cet amour exclusif, pour ne pas dire possessif. Où sera le tiers chargé de rompre un lien fusionnel trop fort et trop long ? Trop d'auditeurs ne savent aimer que sur le mode de la passion. Certes, celle-ci est merveilleuse, mais elle est toujours négative pour l'épanouissement de l'individu. Ne faire qu'un avec l'autre ne permettra jamais de devenir « in »dividu. Voilà sans doute l'une des raisons qui font que tant de partenaires se séparent lorsqu'ils ont conçu un enfant. Ils n'ont jamais formé un couple, ils sont entrés en collusion, en dépendance affective, pour échapper au cocon familial. Ils espéraient grandir dans la fusion alors qu'ils ne pouvaient que s'étouffer à petit feu. Chacun était, en quelque sorte, l'enfant ou le parent de son partenaire, et voici que le tiers apparaît sous les traits bien innocents d'un bébé avide d'amour et de protection. N'oublions pas que dans les tout premiers moments de sa vie, le nourrisson est d'une exigence absolue et réclame une attention permanente. Alors tous les repères s'écroulent et, plutôt que de trouver enfin un statut de couple, chaque partenaire tente de résister contre l'autre.

En d'autres temps, la question de la séparation ne se posait pas. La famille était soudée coûte que coûte, pour le pire et le meilleur, et il fallait tenir bon sinon nous étions jugés indignes par la société tout entière. Combien de femmes ont-elles connu l'opprobre pour avoir osé rester fille-mère, combien d'hommes ont-ils été obligés de réparer une nuit d'ébats sexuels trop fertile ? Aujourd'hui, les couples de parents oublient qu'ils ont d'abord été des couples d'amants. Mais peut-être, justement, que leur sexualité n'était pas vraiment épanouie, peut-être qu'ils n'étaient pas assez préparés pour affronter cette première crise existentielle. Heureusement, j'entends aussi des témoignages positifs. De nombreux auditeurs savent consolider le lien après la naissance d'un enfant. Ces couples qui y parviennent ont entretenu leur sexualité. Mais la plupart du temps, elle était harmonieuse dès le début de leur histoire, n'étant pas inscrite dans la peur de l'autre.

Souvent la femme aura plus de mal à s'adapter à la situation après l'accouchement, voire durant sa grossesse ; elle se sent transformée à son corps défendant. Les hommes, en général, changent peu ; ils savent être patients, jusqu'à un certain point. Malheureusement, certains tromperont leur femme durant la grossesse. Se sentant exclus, ils vont chercher ailleurs une présence féminine rassurante comme si le ventre arrondi de leur épouse lui donnait une force qui leur faisait peur. Loin de moi l'idée de les excuser, mais il est important de comprendre qu'ils ne le font jamais par désamour puisque, une fois qu'elle a accouché, ils reviennent vers leur femme. Sauf, bien sûr, lorsque l'adultère a été découvert et le coupable évincé. Ces infidélités passagères me sont racontées tous les jours et je peux affirmer qu'elles traduisent plutôt un mal-être. Peut-être que si le couple avait pris le temps de se parler dès les premières semaines de cette aventure déstabilisante, le « drame » n'aurait pas eu lieu. Mais la femme, pourtant si réceptive, ressent peu le danger tant elle est concentrée sur son aventure intérieure.

Devenue mères, de nombreuses femmes oublient qu'elles ont une libido. Certaines en ont même peur, comme si leurs pulsions pouvaient mettre en danger leur nouvelle condition de femme. D'autres profitent de cette trêve pour mettre un terme à des rapports sexuels qui ne présentent guère plus d'intérêt pour elles puisque, depuis leur adolescence, sexualité rimait avec procréation. D'ailleurs, les gynécologues le confirment : beaucoup de jeunes filles « tombent » enceintes tant est fort leur désir de se prouver qu'elles peuvent être mères. Quoi qu'on fasse, malgré les messages répétés sur les différents moyens de contraception, les « accidents » au moment de l'adolescence restent toujours aussi nombreux. L'inconscient joue décidément un rôle essentiel dans notre sexualité. Bien sûr, beaucoup de femmes aimeraient bien retrouver le désir, mais elles ne savent pas comment s'y prendre. D'autant que leur corps parfois les dérange. C'est d'ailleurs le premier conseil que l'on doit donner aux hommes : aider leur partenaire à se trouver de nouveau désirable.

Ainsi, la femme se détourne de la sexualité alors qu'elle vient de mettre au monde. Comme si sa propre pulsion de vie devait s'effacer devant ce petit être qui comptera désormais toujours plus qu'elle-même. Pourquoi autant d'abnégation ? Ce comportement a des effets désastreux tant pour nous, les femmes, que pour les hommes. De plus, un enfant qui aura senti que sa mère lui a sacrifié sa vie de femme risque fort de se sentir aliéné. À son tour, comment parviendra-t-il à s'épanouir dans une rencontre sexuelle harmonieuse ?

La libido reste notre moteur de vie essentiel, et la sexualité est excellente pour oublier nos angoisses de mort. L'homme se sent à moitié mort lorsqu'il n'a plus d'érection. La liste des hommes impuissants qui se sont suicidés est longue. D'ailleurs, les noms donnés aux médicaments pour lutter contre les pannes d'érection, « Viagra » ou « Levitra », sont éloquents, les laboratoires ne s'y sont pas trompés. J'encourage tous les jours les femmes à avoir une vie sexuelle bien remplie, n'étant jamais à court de conseils pour les aider à trouver leur jouissance. Une femme épanouie, contrairement aux femmes aigries et desséchées prêtes à juger leur consœur aux mœurs parfois un peu légères, aura une plus grande ouverture d'esprit et sera toujours plus agréable à côtoyer. Ces « vieilles peaux », pas toujours si vieilles d'ailleurs, sont toujours en train de critiquer, militant dans des associations contre les chauffards, les fumeurs et autres abuseurs de la vie qui ne respectent pas parfaitement les lois. Permettez-moi de vous raconter une anecdote qui m'arrive trop souvent pour qu'elle ne soit que le fruit du hasard. Une dame de grande vertu, pas forcément très âgée, me fait cette réflexion : « Vous vous croyez au-dessus des lois. » Simplement parce que je promène un grand chien non tenu en laisse ou encore, plus banalement, parce que je n'ai pas vu qu'il fallait faire la queue à un guichet. Ces petites effractions ne font en aucun cas de moi une délinquante dangereuse pour notre société, mais je dérange. Si je me permets la moindre réponse à cette agression verbale, j'ai droit à une suite d'arguments démontrant à quel point je suis un être nocif pour le genre humain. À force, j'ai fini par me taire, et surtout par comprendre que ces malheureuses voyaient en moi celle qui avait osé laisser de côté son surmoi, sorte de gendarme intérieur, pour s'accorder tous les plaisirs. Le sexe et le cortège de plaisirs qui l'accompagne sont pour ces femmes-là incompatibles avec une éthique. Elles ne se sont pas autorisé l'amour sexuel parce qu'elles sont sanglées dans des carcans moralisateurs, et ma présence semble leur être insupportable. Ainsi, elles ne manquent pas de me remettre dans le droit chemin à la moindre occasion.

La femme a vraiment plus de mal avec son surmoi et son plaisir. Si certains hommes ont aussi parfois ce type de comportement, ils auront rarement une telle virulence. Souvenons-nous, face à l'échafaud, lors de la Révolution française : c'étaient bien des femmes qui insultaient les nobles qu'on allait décapiter. Et c'était ce même genre de femmes qui tondaient leurs congénères ayant eu des aventures avec les Allemands pendant la Seconde Guerre mondiale. Et, comble de l'horreur, pour conclure ce triste tableau, ce sont encore des femmes qui font exciser leur petite fille afin qu'elle n'ait plus de clitoris, organe par excellence destiné au plaisir. Il serait grand temps que les femmes prennent conscience que la sexualité est notre meilleur atout. Celles qui l'ont compris savent sauver leur couple de toutes les tourmentes. Elles entretiennent leur libido et la retrouvent après un accouchement. Elles ont même parfois, durant ce moment extraordinaire, des sensations pas très éloignées de l'extase. Plusieurs auditrices ont déjà témoigné de ce qu'elles avaient découvert l'orgasme en mettant leur enfant au monde.

Jeanne a trente-trois ans et deux enfants ; le premier est né par césarienne, mais le second par les voies naturelles. Ce fut une expérience extrême. La manière dont Jeanne parle de son accouchement me fait penser à une extase jouissive. Se sentant enfin comprise, Jeanne n'hésite pas à se confier. Depuis cet événement particulièrement positif, elle ne supporte plus le cunnilingus, préférant de loin un rapport vaginal, profond et intense. Jeanne ne comprend plus son corps et ne sait pas comment en parler avec son mari qui tente de la satisfaire comme il le faisait auparavant, avant cette expérience initiatique. Jeanne lève un grand tabou, celui de l'expérience érotique que peuvent vivre certaines femmes, qui connaîtront même parfois leur premier orgasme au moment où elles mettent leur enfant au monde. Cette auditrice a vu sa sexualité se transformer ; son corps est transporté, son sexe s'est ouvert, elle renaît. Mes mots se veulent rassurants. Jeanne doit pour l'instant s'adapter à ce changement sans trop se poser de questions, sans se sentir coupable. Après tout, il n'y a que cinq mois qu'elle a accouché. Il lui en faudra sans doute encore quelques-uns pour être à l'aise dans son nouveau corps. Elle a investi son vagin et pour l'instant, son clitoris est un peu oublié.

Mais pour une Jeanne qui appréciera d'autant mieux la vigueur de son mari, combien feront payer cher à leur compagnon le spermatozoïde qui leur a permis d'enfanter ! Je suis toujours surprise face au nombre d'hommes qui acceptent de rester des mois, lorsque ce ne sont pas des années, sans aucun rapport sexuel. La plupart d'entre eux m'appellent en espérant que je vais leur apporter la solution miracle. Je suis bien impuissante. Comment pourrais-je redonner envie à une femme qui a décidé qu'elle n'avait plus besoin de ce compagnon de plus en plus embarrassant ? À croire qu'elle a tout fait pour qu'il finisse par aller voir ailleurs afin, sans doute, d'avoir une bonne raison de le quitter. Beaucoup attendent la faute qui finira sûrement par advenir. Ensuite, elles sauront se poser en victimes et réclamer une pension alimentaire. Le futur était, en quelque sorte, programmé. Tout est bien qui finit bien... pour elles, mais qu'en est-il pour leurs conjoints ? Ces derniers étaient confrontés à un cruel dilemme : garder auprès d'eux leurs enfants et leur épouse mais renoncer à leur sexualité, ou alors prendre le risque d'être congédiés à la moindre incartade. Mais demander à un homme de faire abstinence pendant des semaines, des mois ou des années, n'est-ce pas nier ce qui le fait homme ?

Ces infidélités, pour moi, n'en sont pas. Même si mon indulgence est parfois critiquée, je continue à donner l'absolution à ces auditeurs qui viennent se confier. Après tout, les femmes qui m'écoutent n'en comprendront que mieux le comportement masculin et le besoin, pour se sentir aimé et respecté, d'avoir des rapports sexuels. À d'autres époques, ces infidélités étaient même conseillées pour la pérennité du lien conjugal. Une époque qu'en tant que femme je ne regrette absolument pas puisque, une fois passé cinquante ans, âge fatidique de la ménopause, nous n'existions pratiquement plus sexuellement. Enfin, notre corps reste sexuel même à un âge avancé, autant en profiter pour mieux vieillir. En niant ce que son partenaire a de masculin, la femme fait aussi l'impasse sur une moitié d'elle-même. Certes, elle reste mère, mais elle nie sa féminité.

Généralement, lorsqu'un auditeur me demande des conseils pour relancer la sexualité de son couple après l'arrivée d'un enfant, ma première question est claire : « En a-t-elle envie ? » Si c'est le cas, alors l'homme devra une nouvelle fois devenir un prince, non plus charmant mais conquérant. Il devra entraîner sa belle vers le monde des adultes. Or les hommes sont bien maladroits face à leur femme devenue mère, ils voudraient bien mais ils ne peuvent pas. Certains ont attendu trop longtemps, ils ont tellement été rejetés, accusés de ne penser qu'à ça, qu'ils ont refoulé leur désir pour leur partenaire. Ils attendent alors un signe de leur compagne ; mais pour elle aussi, difficile dans ces conditions de ranimer la flamme d'un amour peut-être déjà éteint. Ces hommes doivent pourtant agir. Un homme doit prendre une femme qui se rend. Cette image un peu simpliste du rapport sexuel est pourtant bien réelle. À trop attendre le désir d'une femme, il finit par l'endormir totalement. Une femme a besoin d'être courtisée, de se sentir désirée. Bien sûr, de nombreux hommes, une fois le couple établi, oublient les manœuvres de séduction dont ils étaient capables pour arriver à leurs fins. Mais si au lieu de les repousser à chaque avance, on les invitait à nous prendre dans leurs filets, ils retrouveraient plus facilement le goût de nous séduire. Car après tout, si l'homme est un chasseur, il est aussi un joueur. Lorsque je donne un conseil pratique à un auditeur pour que sa partenaire ait envie de lui, il est totalement captivé, à se demander même s'il ne prend pas des notes !

On pourrait en vouloir aux hommes de manquer un peu d'imagination, de ne pas deviner nos besoins, de ne pas toujours y mettre les formes ; mais n'oublions pas que nous avons tous tendance à donner à l'autre ce que nous aimerions recevoir, puisque nous sommes persuadés que l'autre fonctionne comme nous. Alors, quoi d'étonnant à ce que l'homme, qui a toujours le même désir, qui n'éprouve plus vraiment le besoin de faire des travaux d'approche puisque maintenant l'attachement et la confiance qu'il a en sa partenaire l'ont rassuré, formule ses demandes sexuelles sans retenue ? Pourquoi aurait-il, sans qu'on le lui explique, la capacité d'agir avec tact, de se montrer attentionné, de venir vers nous juste les jours où nous en avons envie ? Et attention messieurs, ne devenez pas non plus trop gentils, car les maris trop braves ne sont plus excitants ! Non seulement votre épouse ne vous désirera plus, mais vous risquez qu'elle aille s'encanailler avec un gentil méchant. En fait, plus les hommes sont dans un climat familial apaisant, moins ils ont besoin de chasser puisque la « proie » est dans leur terrier. Et moins ils font l'amour, plus ils souffrent de ce qui ressemble fort pour eux à un désamour. C'est pourquoi je conseille toujours aux femmes de ne pas dire : « Non, je n'ai pas envie de toi », mais plutôt de répondre à une demande sexuelle un peu trop précise : « Pas tout de suite, mais je t'aime et nous ferons l'amour demain ou la semaine prochaine. » Cette invitation future rassure l'homme qui n'a plus qu'à compter les heures, ce qui augmentera son excitation. Après tout, l'attente et l'imagination ne nourrissent-elles pas le désir ?

Trois éléments sont essentiels pour maintenir notre libido en bonne santé : notre intelligence sexuelle, notre imaginaire érotique et notre sensualité. Vous l'avez sans doute compris, en ce qui concerne l'intelligence sexuelle, les hommes nous sont largement supérieurs. Tout simplement parce que la majorité d'entre eux a été moins inhibée par la culture et l'éducation et est entrée dans la vie sexuelle avec plus de naturel. Malheureusement, un homme à l'intelligence sexuelle nulle sera particulièrement difficile à éduquer, ce qui est moins le cas pour une femme. Si vous désirez connaître votre intelligence sexuelle ou celle de votre partenaire, c'est assez simple. Identifiez les messages reçus en matière d'éducation sexuelle. Plus les messages négatifs sont nombreux, plus votre note risque d'être basse. Pourtant, rien ne vous empêche de vous libérer de ce gendarme intérieur. La manière dont s'est passée votre première fois a également une incidence, tout comme vos connaissances anatomiques et sexologiques, ainsi que la place qu'aura eue la pornographie. Enfin, la distance que vous avez instaurée entre le cœur et le sexe sera le dernier paramètre qui vous permettra de juger de votre intelligence sexuelle. Je pourrais presque mettre au point un test qui permettrait à chacun de connaître sa note avec les exercices qui en découlent pour l'améliorer. Voilà des cahiers de vacances qui seraient bien utiles à la majorité de mes concitoyens.

Avant d'aborder l'imaginaire érotique qui est sans doute le paramètre le plus délicat, parlons sensualité. Rien de plus facile que de flatter ses cinq sens ou ceux de son partenaire, et pourtant c'est un jeu trop souvent négligé. Combien de couples savent adapter l'intensité de la lumière à leurs ébats ? Même complexé, l'amour dans le noir est un tue-l'amour. Une autre façon très simple de préparer le lieu d'amour consiste à l'aérer et l'aromatiser. Il existe maintenant de nombreuses bougies parfumées. Attention toutefois à l'encens, certaines personnes sont allergiques et cela peut aussi rappeler trop de souvenirs religieux. Quant au son, sans tomber dans la musique d'ambiance qui peut être *« too much »*, comment peut-on oublier de débrancher son portable ? Les hommes ont la chance d'avoir un sens particulièrement dominant, la vue. Si une femme séduisante entre dans un lieu public, tous sans exception tourneront leur regard dans sa direction. Leur vue est aiguisée, telle celle du prédateur à l'affût de sa proie. Bien sûr, la culture et l'éducation nuanceront ce réflexe, mais en chaque homme ou presque sommeille un voyeur. Pourquoi s'en plaindre puisque toutes les femmes sont plus ou moins narcissiques ? Elles ont bien du mal à passer devant un miroir sans se regarder, même si c'est pour se juger laides, d'ailleurs. Puisque nous sommes si complémentaires, nous devrions bien cohabiter au moins sur ce plan. Heureusement, de nombreuses femmes utilisent cette complémentarité et se servent allégrement d'artifices vestimentaires pour aguicher leur mâle. Mais d'autres refusent catégoriquement toute fantaisie vestimentaire à leurs amants. Elles se sentent humiliées, considérées comme un objet, si ce n'est comme une pute. Pourtant, à cette nécessité visuelle, se joint une nécessité fétichiste : l'homme adorera sa femme justement parce qu'elle se sera déguisée, parce qu'elle aura mis en valeur telle ou telle partie de son anatomie. La mise en valeur consistant la plupart du temps à dénuder ou mettre en relief cette zone particulièrement chargée érotiquement par l'amant. Les seins, les fesses, mais aussi les cuisses et la chevelure sont les parties les plus sollicitées. Ils aiment poser leurs mains, leur bouche, sur notre plastique devenue leur. Ils se l'approprient comme pour se rassurer que nous ne nous évanouirons pas.

Ce comportement enfantin me semble bien inoffensif. Or tant de femmes leur refusent ce doudou sous prétexte que leur partenaire ne les aime pas pour elles, du moins pas dans leur totalité. Si en plus il est surpris en train de regarder des sites cochons ou de se masturber dans la salle de bains, il sera aussitôt catalogué comme pervers. Les femmes devraient peut-être apprendre à mieux aimer leur corps avec ses rondeurs et ses creux afin d'être moins en demande d'une admiration de tout leur physique. Quoi qu'il en soit, ce besoin de s'accrocher à une partie de notre corps traduit plutôt une adoration pour la femme qu'un mépris. Mais derrière cette petite part mise en relief, c'est notre sexe qui les attire comme un aimant. Il suffit d'écouter ces hommes fétichistes. Untel parlera de la douceur d'une poitrine et du creux entre les seins dans lequel il glisserait volontiers sa verge. Un autre me racontera la volupté des cuisses devenant de plus en plus onctueuses au fur et à mesure que l'on remonte vers le paradis. Et puis les fesses et leur sillon plein de promesses. Quant à tous ceux qui nous aiment en fourrure, en latex ou en soie, ne cherchent-ils pas à retrouver la sensualité de notre peau mais aussi des poils pubiens ? Bien sûr, certains ont un comportement un peu excessif, jusqu'à humer nos petites culottes ou même porter certains de nos sous-vêtements. Mais n'y voyons pas un quelconque rejet de notre féminité.

C'est le cas de l'épouse de Vincent, adepte de lingerie féminine. Il a besoin que sa femme porte des bas et des chaussures, de préférence des talons hauts. Il se plaint car il a l'impression de faire souffrir sa partenaire en lui imposant son fantasme fétichiste. Elle semble accepter ses fantaisies même si elle en rit un peu. Voilà pourtant un jeu bien innocent qui pourrait souder le couple si chacun comprenait qu'il s'agit d'une activité ludique. L'une n'est sans doute pas assez sérieuse en s'en moquant, l'autre est bien trop sérieux.

En revanche, certains hommes ont des agissements qui dépassent les limites de l'intimité du couple. Ces comportements sont alors inacceptables et entrent dans la catégorie des perversions. Dès que les fantaisies sexuelles ne sont pas vraiment partagées, qu'elles nuisent à l'intégrité physique ou psychique, il est essentiel de savoir dire stop.

Hélène m'appelle au secours. Mariée depuis des années, elle vient juste de découvrir que son mari envoie des photos de son corps prises à son insu, non seulement sur Internet mais aussi à des amis. Des photos la présentant en train de se doucher ou encore des gros plans de son sexe, volés durant son sommeil. Elle ne comprend pas, d'autant que son mari justifie ses actes en prétextant qu'elle le trompe puisqu'ils n'ont plus assez de rapports sexuels. Cette femme est désemparée, pourtant ses amis l'encouragent à minimiser les faits. Il s'agit bien d'un malade qui ne se rend plus vraiment compte de ses actes. Dans ces cas-là, la loi sert à remettre l'individu à sa juste place. Je lui conseille de prendre rendez-vous avec un avocat, mais aussi de faire soigner son compagnon qui est sans doute en souffrance.

Je me souviens aussi de Clotilde, plutôt inquiète car son amant avait envie de porter des bas lors de leurs rapports sexuels. Lorsque j'ai évoqué la probabilité d'une mère absente et d'un petit garçon collectionnant les bas de sa maman afin de se rassurer, elle me confirma que son partenaire s'était souvent plaint de l'absence de sa mère. Elle comprit qu'il n'y avait pas derrière cette fantaisie un quelconque fantasme homosexuel, mais bien un désir d'être rassuré. Clotilde étant soulagée, je suis certaine qu'elle acceptera désormais les quelques travers vestimentaires de son compagnon. Offrons à ces hommes notre peau avec les ornements qui les calment. Ils sauront mieux ensuite s'occuper du reste de notre corps, ils s'épanouiront en confiance dans une sensualité bienveillante.

La femme, elle, ne se sent pas très concernée par la vue ; la plupart du temps, elle préfère fermer les yeux durant l'acte sexuel. En revanche son odorat est très sensible. Les hommes le savent bien puisque le parfum est le cadeau le plus offert, un cadeau pas tout à fait désintéressé car une femme parfumée s'offrira plus facilement. L'ouïe joue aussi son rôle dans la libido féminine. Si l'homme peut parvenir à l'orgasme malgré la sonnerie du portable ou les gémissements du bébé dans le berceau, sa partenaire sera automatiquement déconnectée de ses sensations. Cette différence est la cause de bien des déboires sexuels. Si bébé pleure tandis que papa continue allégrement de culbuter maman, celle-ci en déduira qu'elle a affaire à un père indigne qui préfère conclure une jouissance bien entamée. Messieurs, apprenez à tirer profit de cette sensibilité auditive particulière. Prendre le temps de susurrer des mots doux à l'oreille de votre partenaire revient à gagner quelques minutes de préliminaires. Combien se laissent prendre au jeu des « Je t'aime » prononcés avec conviction ? Une femme pourra parfois s'abandonner dans les bras de celui qui aura prononcé les mots magiques alors qu'elle le connaît à peine, mais se refuser à un époux qui lui prouve pourtant depuis quinze ans à quel point il sait l'aimer ! Oui, mais voilà : ce mari lui offre peut-être le confort et l'affection dont elle a besoin, mais il ne lui dit plus « Je t'aime ». Les couples devraient passer un marché : « Ce soir, ma chérie, tu mets ton corset en dentelle noire, et moi, je te fais une déclaration d'amour digne des grandes tragédies... »

Enfin, il y a un sens qui est trop oublié, c'est le toucher. Si la peau d'un homme est souvent moins douce, elle est tout aussi sensible. Malheureusement, seule la verge est connectée au cerveau. Tout le reste du corps reste étranger au plaisir. Cette insensibilité n'est pourtant pas définitive, mais cela demande un réel travail d'apprentissage pour que le corps masculin devienne sensible à la caresse. Certains ont même une phobie ou de la répulsion à l'égard de certains gestes trop précis sur leurs mamelons, leurs fesses ou l'anus. Ceux qui restent assez insensibles au toucher sont généralement assez bloqués par rapport à la tendresse. Ils pourront tout au plus nous prendre la main, et encore, pas devant du monde ! Les auditrices se plaignent souvent d'un compagnon trop distant. Plus elles sont en demande de gestes d'affection, plus ce dernier rentre dans sa coquille. Là encore, il faut comprendre que la petite fille a eu une relation privilégiée à sa mère avec laquelle les échanges tendres ne la mettaient pas vraiment en danger dans son intégrité physique, tandis que le petit garçon aura besoin assez tôt de se protéger de ces gestes vécus comme intrusifs ou, en tout cas, trop intenses pour sa construction psychique. De plus, une mère ne les prodigue pas de la même manière suivant le sexe de son enfant. Ces hommes fermés à la tendresse ne peuvent pas comprendre les critiques de leur compagne. La patience aura plus d'effets que des demandes agressives répétées. On n'apprivoise pas un animal sauvage à coups de cravache, mais avec de la douceur.

Le premier contact devrait toujours se faire par le toucher, le langage des mains. Ces hommes maladroits doivent réveiller le bout de leurs doigts. Ces malhabiles au doigté incertain, voire grossier, auront bien du mal à devenir virtuoses sur le corps de leur partenaire. Quand un auditeur témoigne de difficultés sexuelles avec sa compagne qui ne jouit pas et qui espace les rapports sexuels, je n'exclus jamais cette hypothèse, car les mauvais amants existent tout autant que les femmes frigides. Pour preuve, il suffit de laisser parler ces épouses qui n'ont jamais connu d'orgasme durant des années de vie commune avec leur mari et qui se plaignent du manque de tact de leur partenaire.

Catherine est amoureuse depuis trois ans d'un homme qu'elle a rencontré alors qu'il était en instance de divorce. Elle l'aime, notamment parce qu'il lui a fait découvrir une jouissance qui la boudait depuis ses vingt-cinq années de mariage. La manière dont elle parle de son amour est magnifique, pourtant son partenaire semble ne pas répondre à son enthousiasme. Au fil du temps, il prend même de la distance. Catherine m'appelle, inquiète : doit-elle mettre fin à une situation qui la fait de plus en plus souffrir ? Elle se meurt à petit feu d'un amour qui la brûle. Cet homme l'aime, sinon leur relation n'aurait pas pu durer trois ans, mais il se sent sans doute envahi par les émotions à fleur de peau de son amie. Trop en demande, trop réveillée, elle s'embrase alors que son amant, peut-être pas tout à fait remis de son divorce, voudrait une relation moins torride. Ce témoignage prouve à quel point une femme peut se livrer corps et âme entre les doigts d'un amant habile, alors qu'un homme gardera plus souvent la tête froide. Beaucoup d'hommes ont du mal à gérer leurs émotions et pour peu qu'ils se trouvent face à une partenaire vibrante de sentiments sincères, ils s'inquiètent et se ferment en mettant de la distance. Lorsque je rassure Catherine en lui parlant de leurs âmes qui communient, je sais qu'elle m'entend puisqu'elle me répond en évoquant leurs baisers si intenses. Or le baiser est le prélude de l'échange énergétique humain. Si Catherine parvient à calmer ses émotions, à être moins exigeante dans ses demandes, les amants pourront se mettre au diapason. Mais plus elle agressera émotionnellement son amant, plus cela réveillera en lui les sensations qu'il a refoulées. Il ne pourra que se tenir à distance pour se protéger.

Si l'homme accède à la sensualité, ensuite il sera en phase avec ses émotions. En quelque sorte, la sensibilité aux caresses pourrait être mise en parallèle avec l'émotion, comme si les émotions étaient la peau du cœur. Ainsi, donner à un homme accès au toucher, c'est l'aider à ouvrir son cœur. Il est souvent plus facile de désinhiber le corps que le cœur. En travaillant sur notre enveloppe charnelle, nous entrons dans une autre dimension. Libérer son cœur est déjà plus complexe.

La tête reste à la traîne, de nombreuses personnes s'accrochent à leurs carcans moralisateurs même s'ils les empêchent de s'épanouir. Je ne crois pas qu'on puisse résoudre des blocages par de grands discours. Si tant d'auditeurs se libèrent en m'écoutant, c'est parce que nous parlons d'amour, nous sommes au niveau du cœur, certainement pas à celui de l'esprit. Que d'émotions transparaissent tous les jours grâce aux témoignages de ces hommes et de ces femmes vibrants d'amour !

Bien souvent, chaque membre du couple préfère penser que tout va bien. Pourquoi est-ce si difficile d'en parler ? Tout simplement parce que l'appréhension est présente en chacun de nous. L'homme a peur d'entendre des mots qui remettraient en question sa virilité, la femme craint les paroles qui la feraient douter de son pouvoir de séduction. Cela prouve à quel point notre comportement reste terriblement proche de notre animalité, du moins dès qu'il s'agit de nos organes sexuels. Pourtant, faire l'amour n'est pas seulement la rencontre de deux sexes. Notre corps, notre cœur et notre tête ont de multiples antennes. À nous d'apprendre à brancher celles qui sont encore endormies. Évidemment, les hommes ont une antenne dominante qui surplombe toutes les autres, leur verge. D'ailleurs, ils se la mesurent entre eux dès leur plus jeune âge au point que certains en feront un complexe plus tard. Concernant la taille du sexe, il y a une taille réelle et une taille imaginaire. Celle-ci se construira en fonction de la manière dont l'identité sexuelle se sera élaborée, mais bien souvent l'imaginaire l'emporte sur la réalité. Rien de pire pour un petit garçon que de sentir l'inquiétude de ses parents parce que son zizi n'est pas « comme il faudrait ». Plus tard, ce jeune homme s'arrangera pour rencontrer une femme qui saura le conforter dans son idée qu'il a un tout petit organe. La femme sait être sadique pour rétorquer à son partenaire que si elle ne jouit pas, c'est peut-être parce qu'il manque deux ou trois bons centimètres. Comme s'il suffisait de posséder le bon organe pour obtenir le bon orgasme.

S'il serait stupide de nier que la taille du sexe n'a aucune importance, il serait encore plus sot de prétendre que la jouissance féminine est proportionnelle à la taille du sexe. Message pourtant difficile à faire passer. Que les hommes aient envie de s'évaluer entre eux, quoi de plus normal. Cela fait partie de leurs jeux nécessaires. En se comparant, se jugeant, ils apprennent à trouver leur place. Dans une horde de chevaux, les jeunes étalons s'amusent à faire semblant de se battre afin d'éviter que plus tard trop de violence les entraîne dans des mises à mort. Les adolescents ont tout à gagner à ces comparaisons qui nous semblent parfois cruelles. Notamment en canalisant mieux leur rivalité, en acceptant de renoncer à une toute-puissance. Les hommes aimeront toujours les jeux d'équipe et les douches collectives. Lorsque l'un d'eux souffre du fameux « complexe du vestiaire », je tente d'abord de savoir si ce complexe est justifié. Quand Julien témoigne, dès ses premiers mots je sens à quel point il doit avoir du mal à s'affirmer dans la vie. Comme toujours, je pose délicatement des questions précises, car à la radio ce n'est pas toujours facile de faire la part du fantasme et de la réalité anatomique. Il m'avoue timidement un dix centimètres en érection, sûr de « rater son examen de passage ». Certes, il n'a sûrement pas de quoi rivaliser avec Rocco Siffredi, mais cela suffit largement à rendre une femme heureuse. À condition, bien sûr, que celle-ci ne soit pas non plus dans le besoin de performance ou particulièrement sensible au niveau du col de l'utérus.

Ce sont en effet les deux critères qui nécessitent un sexe imposant pour que ces femmes puissent avoir du plaisir, mais elles sont peu nombreuses à dépendre de ces paramètres puisque plus de soixante pour cent des femmes sont clitoridiennes.

Julien a été quitté par son amie quelques mois plus tôt. Elle l'avait trompé avec son patron qui, lui au moins, « assurait ». Dans ce mot, toute la performance masculine est sous-entendue. Julien a donc été évincé par son supérieur hiérarchique mais aussi par un homme « plus viril », à en croire son ex. Or, quand je le questionne sur ses antécédents sexuels, Julien confirme que leur couple avait auparavant une sexualité satisfaisante. Avant que madame ne décide de « casser du mec ». Quoi de plus simple alors que de le faire douter de sa virilité ? Des Julien, beaucoup témoignent tous les jours. Certains resteront avec leur complexe qui se traduira par l'évitement des rapports sexuels, des éjaculations précoces ou encore des pannes d'érection. Il y aura aussi ceux qui ne feront plus confiance à la gent féminine, et parmi ceux-là certains deviendront misogynes. Mais heureusement, il y aura tous ceux qui découvriront qu'ils ont d'autres atouts pour faire jouir leur partenaire. Ceux-là compenseront un pénis un peu moins grand par des trésors d'habileté manuelle et buccale. Ils deviendront des amants très appréciés.

Bien sûr, il existe des micropénis. À ces propriétaires seulement je parle de chirurgie. Je ne suis vraiment pas contre les opérations esthétiques, mais celles concernant le pénis me semblent particulièrement délicates d'autant que ce ne seront pas toujours les quelques centimètres à peine gagnés qui les rendront meilleurs amants. C'est bien connu, un mauvais ouvrier a toujours de mauvais outils. Néanmoins, parfois cette opération délicate leur permet d'être mieux dans leur peau. Une fois opérés, ils se sentent enfin « à la hauteur ». Après tout, le meilleur amant est celui qui croit en ses capacités à nous faire jouir. Un homme qui ne doute plus de la taille de son sexe gagne forcément en assurance. Généralement, les hommes trop complexés par leur sexe se focalisent sur leur anatomie et ne savent pas se concentrer sur notre plaisir. Ces hommes n'ont pas encore découvert le mode d'emploi féminin. Notre jouissance, heureusement, ne dépend pas uniquement de leur pénis. Notre corps possède bien d'autres atouts. Par exemple, de nouvelles positions peuvent provoquer des miracles. Sans compter l'aide des jouets intimes. Et pour définitivement rassurer tous les hommes dotés d'un petit pénis, je peux leur affirmer que j'entends aussi des auditeurs se plaindre de leur sexe trop imposant, souvent trop gros car le diamètre a plus d'incidence que la longueur. Leur partenaire les a quittés parce qu'elle avait mal lors des rapports, quand elle ne refusait pas tout simplement que ce membre impressionnant la pénètre. Si le couple peut pallier un manque de longueur ou de largeur par quelques artifices, il n'est évidemment pas question d'en couper un morceau. Enfin, les chiffres parlent d'eux-mêmes : un vagin mesure environ huit centimètres de profondeur et peut s'accommoder d'une verge plus ou moins longue, ou grosse, tant sa capacité de s'adapter est grande. Alors, mieux vaut se concentrer sur les caresses et le rapport sexuel que de prendre un double-décimètre.

Malheureusement, peu de femmes savent vraiment tirer pleinement profit de leur vagin, oubliant de le préparer avant la pénétration, de l'ouvrir ou, au contraire, de le resserrer. Autre injustice qui n'aide pas les hommes : si on parle souvent, trop peut-être, de la taille de la verge, on oublie de signaler que beaucoup d'hommes se plaignent de la béance du vagin de certaines partenaires. Cela ne concerne évidemment pas toutes les femmes, mais certaines, après un ou plusieurs enfants, se retrouveront avec un vagin trop large pour satisfaire leur partenaire. L'attirance des hommes pour l'anus est souvent due à son étroitesse bien plus qu'au besoin de domination ou d'humiliation. La plupart des hommes cherchent dans la relation sexuelle une communion de plaisir plutôt qu'une victoire définitive. Et, bien sûr, dans le fantasme de la sodomie, il y a le désir de nouveauté. D'ailleurs, une fois l'acte accompli, la plupart, surtout s'ils se sont rendu compte que leur partenaire n'en éprouvait pas de réel plaisir, retourneront naturellement au vagin. Tous ces détails anatomiques, s'ils ne sont pas analysés correctement, provoquent bien des déboires dans la sexualité du couple. La femme aura tendance à se détourner de la sexualité, tandis que l'homme connaîtra des pannes d'érection ou un plaisir rapide.

Ce fameux plaisir rapide que j'ai surnommé ainsi, tellement l'expression d'éjaculation prématurée me semble humiliante. Après tout, les hommes sont tous programmés pour jouir vite, tous les mammifères mâles éjaculent en moins d'une minute. Pourquoi juger avec autant de mépris cette évidence masculine ? La femme doit apprendre à trouver son plaisir et l'homme à le retenir. La femme doit se détendre et l'homme se tendre. Or la société est souvent bien plus indulgente vis-à-vis des difficultés féminines que des difficultés masculines. On accepte une femme frigide, c'est tout juste si on ne fait pas du dicton populaire « Il n'y a pas de femmes frigides, il n'y a que des hommes maladroits » une vérité indiscutable. Alors que les amants qui ne savent pas se retenir sont traités de « lapins » et autres surnoms tous aussi peu flatteurs les uns que les autres. Hormis quelques cas désespérés, souvent cela se règle plutôt bien. Sur les quarante pour cent d'hommes concernés par le plaisir rapide, la plupart pourront faire durer l'érection après quelques mois ou quelques années de pratique. Notamment grâce à leur partenaire, mais si celle-ci ne coopère pas, la tentation d'aller chercher ailleurs existe.

Entre la maîtresse qui ne supporte pas le coït et qui lui fait sentir, celle qui s'arrange pour qu'il explose rapidement et celle qui méprise l'organe mâle, bienheureux sera l'homme qui saura tout seul améliorer sa capacité à se retenir. Les raisons qui poussent un homme à éjaculer trop vite ou trop tard sont multiples. Si la sexualité féminine reste un mystère, celle des hommes est tout aussi complexe. Pour exemple, parlons de Christian, cet homme de trente-trois ans qui éjacule si vite avec son épouse alors qu'avec sa maîtresse, qu'il a quittée dernièrement, il n'avait aucun problème pour faire l'amour longtemps. Il me questionne afin de connaître les raisons qui pourraient expliquer ce double comportement. Bien sûr, je commence par le rassurer en lui disant que cela est plus fréquent qu'on ne l'imagine. Puis je lui fournis quelques explications. Mais en fait, Christian n'a pas vraiment besoin de mes conseils. Il sait très bien pourquoi il fonctionne comme ça. Depuis que sa femme a pris beaucoup de poids, au fond, il n'a plus envie de lui faire l'amour. En quelque sorte, il se débarrasse du rapport sexuel. Son témoignage montre bien à quel point nous communiquons avec notre sexe. Christian, au lieu de dire à sa femme qu'il aimerait bien qu'elle se mette au régime, la punit en éjaculant trop vite, en lui refusant le plaisir auquel elle aspire.

Les hommes aussi ont besoin de fantasmer durant un rapport sexuel. D'ailleurs, les femmes devraient le savoir, plus un homme est excité, plus il nous trouvera belle et désirable. Nos rondeurs, nos imperfections s'effacent en proportion de la solidité de leur érection. Aujourd'hui, nous sommes tous déformés par les images véhiculées par les médias. Ces femmes parfaites, dont les photos sont d'ailleurs retouchées, font plus fantasmer les femmes que les hommes. Un homme ne recherche pas vraiment un corps parfait, il cherche plutôt un corps accueillant, un corps avec lequel il se sentira rassuré. Les femmes mûres, les mères avec leurs rondeurs, sont plus désirées que les jeunes mannequins frôlant l'anorexie. Enfin, durant les émissions abordant ces sujets délicats, le nombre d'auditeurs ayant déjà témoigné de leur amour pour leur épouse mutilée d'un sein ou handicapée finissent de me convaincre qu'un homme attache beaucoup moins d'importance à notre plastique que nous ne l'imaginons. Bien sûr, une belle femme aura toujours plus de chances qu'une laide de rencontrer un homme. Faudrait-il encore s'entendre sur ce que signifie ce terme. Autant un homme peu séduisant aura du mal à trouver une partenaire (à moins qu'il ne soit milliardaire), autant une femme au physique quelconque trouvera toujours un homme prêt à lui faire l'amour. Il faudrait vraiment être repoussante pour rester seule la nuit. C'est plutôt sa sensation de ne pas être désirable qui laisse la femme seule et désespérée. D'ailleurs, les dragueurs le disent bien : « Plus difficile de séduire une laide qu'une belle ! » Tout simplement parce que la laide se demandera ce qu'on lui veut, alors que la belle dira oui ou non car elle aura deviné ce qu'on attend d'elle.

Quand un homme est bien avec sa partenaire, il suffit qu'il puisse exprimer son univers fantasmatique pour qu'il la trouve plus belle que toutes les créatures du monde. Certains aiment parler, aimeraient parler beaucoup plus, mais les expressions qui leur viennent sont plutôt coquines, voire vulgaires, et par peur de nous choquer ils se retiennent. Pourtant, l'acte sexuel devrait être une récréation, un jeu durant lequel un maximum de fantaisies devraient être autorisées. Pourquoi notre imaginaire érotique, sans nul doute le troisième paramètre le plus important pour entretenir et améliorer notre libido, est-il si refréné ? Quand j'organise une émission autour du fantasme, je suis toujours surprise du manque de réactivité des auditeurs. La pauvreté fantasmatique du genre humain me consterne. Les seuls fantasmes actuels qui s'expriment facilement sont en relation avec l'échangisme, mais la plupart du temps cela n'a pas grand-chose à voir avec l'hédonisme des grands libertins mais plutôt avec une croyance que ces pratiques permettront de lutter contre l'infidélité ou la monotonie des rapports sexuels dans le couple. Même s'il existe aujourd'hui une quantité de livres et d'objets destinés à notre bien-être érotique, l'imaginaire sexuel reste extrêmement pauvre. Comme si exprimer ses désirs les plus fous était déjà franchir la ligne jaune. Pourtant, la capacité de fantasmer est le seul moteur inépuisable de notre libido. C'est en l'entretenant qu'on peut se sortir du marasme sexuel qui nous guette tous.

Chacun de son côté tente de maintenir son univers érotique caché, et lorsque l'un ou l'autre sort de son mutisme, cela provoque souvent une crise. Parce que rêver de faire l'amour avec une star ou se masturber sans se focaliser sur son partenaire officiel serait déjà le tromper. Au jeu de ce fantasme, les femmes sont plus dangereuses puisqu'elles ont besoin d'un homme qui les transporte. L'érotisme masculin est souvent moins complexe ; il ne met en cause que la pulsion brute tandis que l'érotisme féminin mélange sexe, cœur et esprit.

Nadège, jeune femme de trente-quatre ans, m'appelle car elle se sent terriblement coupable de ses fantasmes. Elle n'éprouve plus beaucoup de désir pour son mari, aussi son esprit la porte-t-elle vers d'autres hommes chaque fois qu'ils font l'amour ensemble. En fait, elle joue même un jeu de séduction assez dangereux avec un homme en particulier qu'elle a rencontré sur un forum Internet. Ils ont fait du sport ensemble jusqu'à flirter un peu. Pourtant, elle n'a aucune envie de coucher avec lui puisqu'elle aime profondément son mari. Pourquoi, dès lors, se sentir si coupable ? Après tout, de nombreuses personnes fantasment sur un inconnu ou une célébrité. En fait, chez Nadège, l'envie de tromper son mari est de plus en plus envahissante. Son appel est sans doute un appel au secours afin que je l'aide à résister à la tentation. Pas question de lui fournir un interdit strict. En revanche, grâce aux détails qu'elle m'a fournis, je lui démontre à quel point son mari est un homme gentil, attentionné, responsable, passant tout son temps libre à construire leur maison. Mais un bon mari ne fait jamais un bon amant. Pourquoi ne prendrait-elle pas les choses en main en mettant un peu de fantaisie sexuelle dans leur couple puisqu'elle veut le sauver ? Malheureusement, Nadège préférerait que ce soit son mari qui la surprenne, qui devine le danger qui les guette.

Comme Nadège, beaucoup de femmes rêvent de rencontrer Robin des Bois, Arsène Lupin, Zorro ou même Al Capone, et pourtant, si elles le rencontraient, elles ne l'épouseraient certainement pas. Le syndrome masculin de la madone et la putain est universellement répandu. Il me semble que les femmes connaissent le même dilemme : elles veulent à la fois un mari protecteur et doux, et un amant viril et déstabilisant. Nous ne pourrons sortir de ces clichés qu'en acceptant de les comprendre en profondeur, en cessant de rejeter la faute sur l'autre sexe. En faisant fonctionner notre imaginaire érotique, nous pouvons également modifier la perception que nous avons de notre partenaire. Bien souvent, lorsque nous restons dans le rôle de mère ou de père, d'époux ou d'épouse, c'est que nous avons peur du regard de l'autre si tout à coup nous nous lâchions !

Cela demande un certain courage d'oser sortir du rôle établi, tout comme cela demande une certaine énergie de continuer sans cesse à séduire l'autre. À ce jeu-là, il me semble que nous sommes à égalité. Bien sûr, nombre d'hommes cessent de séduire leur épouse, oublient de lui offrir des fleurs ou de lui souhaiter son anniversaire, mais combien de femmes, une fois la bague au doigt, ne font plus l'effort d'être élégante le soir pour leur compagnon ? L'homme, tout autant que nous, aime que l'on s'occupe de lui. Massez le crâne d'un homme après une journée de dur labeur et vous pourrez constater à quel point il s'abandonne. D'ailleurs, si la femme a besoin d'attentions et de se sentir protégée pour s'offrir, l'homme après un rapport sexuel est comme un enfant qui apprécie de se blottir contre le sein de sa partenaire. Quant à celui qui se lève rapidement après un rapport sexuel pour aller se doucher, c'est souvent par crainte, justement, de se laisser aller à cette « mollesse » qui lui fait si peur. L'orgasme masculin, bien plus que l'orgasme féminin, porte bien son surnom de « petite mort ». Il est indéniable qu'après une éjaculation, surtout si elle a été intense, l'homme peut être envahi par une angoisse soudaine qu'il ne sait pas toujours gérer. Les moins stressés s'endorment rapidement, laissant leur partenaire sur sa faim. Cette dernière ne comprend pas que cette attitude n'est qu'une fuite, pas tant pour lui échapper à elle qu'à une anxiété ingérable en cet instant où toutes les défenses de son homme viennent de tomber. Les reproches du lendemain ne feront que renforcer cette attitude, alors qu'une douceur exquise apporterait le réconfort nécessaire à ce mâle vulnérable.

Les *addicts* de la masturbation connaissent bien ces symptômes. Angoissés, ils se masturbent car c'est en effet un excellent antidépresseur. Pourtant, lorsque le stress ou l'angoisse se font trop envahissants, ils abusent de ce dérivatif et ce qui était un plaisir solitaire sympathique devient un passe-temps néfaste. Après chaque éjaculation, ils se sentent encore plus vidés, encore plus mal. Les rassurer peut parfois suffire, lorsque la culpabilité est excessive. Après tout, la cigarette provoque des cancers du poumon et de la gorge tandis que la masturbation est un bon moyen de lutter contre le cancer de la prostate. Seulement voilà, si leur partenaire les surprend, elle aura souvent du mal à comprendre ce comportement. Je conseille donc aux hommes d'être particulièrement discrets. Pourquoi, d'ailleurs, se font-ils surprendre ? Ne pouvaient-ils pas se caresser dans une pièce fermée à clé ? La plupart du temps, il y a un désir inconscient d'être surpris, à moins qu'ils ne répètent une scène qui aurait eu lieu avant l'âge adulte ?

J'ai toujours imaginé que si notre clitoris était aussi réactif que leur verge, nous aurions bien plus souvent recours à la masturbation. Imaginez : à la moindre pensée sensuelle, au moindre contact physique puisqu'il suffit d'un pantalon un peu serré, leur verge réagit. Cet appel au crime me paraît bien tentant. Alors, au lieu de les encourager à se satisfaire afin qu'ils soient moins agressifs, nous les corrigeons comme s'ils n'étaient que de vilains petits garçons pervers. Cette attitude donnerait presque du crédit aux théories psychanalytiques affirmant que la femme souffre d'être castrée. Je n'ai nulle intention de rentrer dans cette polémique. Je préfère affirmer que la femme désire le pénis, est attirée par lui comme par un aimant, mais tout comme l'homme est désireux de notre vagin. S'il en est privé, il ne lui reste que la masturbation ou la frustration. Or la frustration entraîne toujours de la colère ou de l'agressivité. Il y en a beaucoup chez ces hommes qui n'osent pas se masturber en toute quiétude.

Un homme, après le coït, a donc souvent besoin de prendre de la distance ou d'être rassuré. Seuls ceux qui ont une vraie maîtrise de leur sexualité savent jouir en harmonie avec leur partenaire. Je ne parle pas de l'orgasme simultané qui reste pour moi une recherche stupide. Si nous fusionnons au moment du coït, durant ces quelques petites secondes que dure l'orgasme, les partenaires sont seuls dans cette envolée sublime. Lorsque j'écoute les auditeurs parler de jouissance, les mots sont clairs : « Je m'envole, je ne sais plus qui je suis, mon corps est en état d'apesanteur, je suis loin de tout, j'ai l'impression qu'une vague m'emporte. » L'orgasme est un tel bouleversement, un tel cataclysme corporel, qu'il est impossible de rester vraiment conscient. Certains parlent d'extase, j'ose cette comparaison mystique car il est vrai que, durant ce moment, nous touchons à cette notion d'éternité, nous dépassons notre enveloppe corporelle. Mais bien sûr, dès que nous redescendons sur terre, dès que notre esprit reprend le contrôle, nous pouvons à nouveau entrer en communion avec notre partenaire et lui être particulièrement reconnaissants de ce moment magique qu'il nous a permis de vivre. Soyons heureux d'atteindre l'orgasme, à un moment ou un autre. Et tant pis s'il n'est pas au rendez-vous cette fois-ci, ce sera mieux la prochaine fois.

Si la jouissance masculine a un sens pour la reproduction – en effet, sans émission de sperme, pas de fécondation possible –, en dehors de cette nécessité absolue, elle ne devrait pas être le but de chaque rapport sexuel. Il n'est pas nécessaire de l'obtenir systématiquement. Si nous acceptions cette évidence, de nombreux déboires lors du rapport sexuel seraient considérés avec moins de gravité et pourraient donc être plus facilement dépassés. Seulement l'homme subit encore le diktat de l'éjaculation. Au lycée déjà, il jouait avec son jet urinaire. Celui qui va le plus loin est le plus fort. Tout naturellement ensuite, son sperme devient symbole de sa puissance. Je ne compte plus le nombre d'auditeurs qui témoignent, inquiets parce que leur quantité de sperme diminue. Là encore, j'ai toujours beaucoup de mal à faire la part du fantasme et de la réalité.

Dans l'art du Tao, la semence est si précieuse qu'on ne la gaspille pas ! L'homme qui n'éjacule pas devient un maître suprême en la matière. Je ne suis pas pour cet excès inverse, laissons à chacun le choix de se retenir ou pas. D'ailleurs les femmes supportent mal les amants qui ne leur offrent pas cet élixir. Ce jet met en quelque sorte un point final au rapport sexuel, il est au moins aussi indispensable pour elles que pour eux. Sans cet aboutissement, elles restent insatisfaites, même si elles ont été comblées par plusieurs orgasmes. Elles veulent être sûres d'avoir épuisé le mâle, voire assister à sa mise à mort telle la mante religieuse. Est-ce par souci que leur partenaire n'aille pas voir ailleurs ou par besoin inconscient d'être fécondées ? Peut-être un peu des deux. En tout cas, l'éjaculation rassure leur féminité. Pourtant, si leur compagnon préfère ne pas jouir, ne faudrait-il pas lui en laisser le choix ? Non, les auditrices qui témoignent réclament une explication, s'inquiètent, imaginent des scénarios catastrophes. Mais souvent leur partenaire ne jouit jamais avec aucune femme, elles ne sont en rien responsables. Cette retenue prouve une fois de plus que tous les hommes ne fonctionnent pas de la même manière.

Que répondre à ces femmes ? Plus elles réclameront leur récompense, plus elles attendront de l'éjaculation la preuve que leur partenaire les désire, plus l'homme saura s'abstenir et prendra même plaisir à leur refuser ce liquide précieux. Bien sûr, chez certains, cette anéjaculation traduit une angoisse extrême renforcée par la demande de leur partenaire. Pour d'autres, ce refus de lâcher leur sperme manifeste un pouvoir teinté d'un certain sadisme dont ils sont d'ailleurs rarement conscients.

Dans ces cas-là, l'éjaculat, tout comme l'érection, est un peu trop considéré comme le Saint Graal. Chacun en joue dans des luttes de pouvoir plus ou moins évidentes. Qui gagnera dans cette volonté de contrôle ? Personne évidemment ; hommes et femmes ont intérêt à s'unir plutôt qu'à se monter les uns contre les autres. Pourquoi critiquer ces hommes ? Ils sont victimes de leur propre fonctionnement, eux aussi témoignent, et lorsque, après des heures d'effort dans un coït plutôt laborieux, ils parviennent enfin à l'orgasme, leur jouissance est souvent plus douloureuse que source de plaisir. Une femme qui n'y arrive pas est souvent trop dans le contrôle, il en va de même pour ces hommes. Dans ces ébats sans fin, je conseille plutôt de ne pas s'acharner. Après tout, monsieur ne sait pas ou ne veut pas jouir, c'est son problème. Et si madame ne supporte plus de faire l'amour durant des heures, elle a bien le droit de dire stop. Il serait temps que chacun accepte que notre jouissance nous appartient et que nous sommes libres de nous l'offrir ou non, et donc de l'offrir à notre partenaire. Reconnaître ce droit devrait faire partie des différents statuts du Manifeste de sexualité harmonieuse. Sur ce plan, hommes et femmes sont égaux dans le désir de recevoir cette offrande de jouissance. Mais encore une fois, la femme est privilégiée puisque les preuves orgasmiques masculines sont bien plus perceptibles.

Derrière ces refus de jouir, il y a aussi chez l'homme un désir de vengeance, comme chez Jacques qui a le sentiment d'être devenu un homme objet. Il approche de la cinquantaine avec une libido intacte, et bien que sa femme ait une sexualité plutôt libre, il se plaint. En effet, sa compagne n'hésite pas de temps en temps à manifester son envie de faire l'amour. En amont de ses demandes, elle s'apprête longuement, à tel point que Jacques finit par redouter ces préparatifs car il sait qu'il va devoir assurer. Finalement, il souffre de ne plus pouvoir manifester son propre désir et d'être devenu dépendant de celui de sa partenaire. Après quelques minutes d'un dialogue assez franc, il reconnaît avoir l'impression d'être un homme objet, une sorte de godemiché sur pattes. Son épouse ne laisse plus aucune place à ses fantasmes érotiques. Elle a pris le pouvoir dans le domaine sexuel, et afin de se défendre ou, peut-être, de reprendre le pouvoir, Jacques a mis au point un stratagème : lorsqu'il voit sa femme excitée, il se masturbe ; ainsi, lorsque la relation sexuelle a lieu, non seulement son érection n'est pas très vigoureuse, mais surtout, comme il vient d'éjaculer, il n'arrive plus à jouir dans le ventre de sa partenaire qui, du coup, se sent terriblement frustrée. Il est évident que l'attitude de Jacques aggrave la relation de couple. Il devrait plutôt tenter d'instaurer un dialogue. Mais en est-il capable ? Et en a-t-il vraiment envie ?

Les femmes si avides de sentir la jouissance couler dans leur ventre devraient peut-être comprendre pourquoi tant d'hommes, à force de ne pas voir le plaisir de leur partenaire, à force de croire qu'ils ne sont pas capables de faire jouir leur compagne, peuvent se sentir diminués et aller voir ailleurs afin de vérifier s'ils parviennent à faire jouir une femme. En général, c'est souvent après la trentaine qu'ils commencent à se poser la question, à un âge où l'identité sexuelle est stabilisée et où le rapport à l'autre a évolué. Quoi de bien étonnant à ce que ces hommes aient envie de découvrir le bonheur d'avoir entre leurs bras une femme qui jouit ?

Depuis la nuit des temps, de nombreuses maîtresses simulent. Certains sexologues affirment qu'une femme ne doit jamais simuler. Se rendent-ils compte des dégâts qu'une telle affirmation peut provoquer dans la vie des couples ? C'est mal connaître ce qui se joue au moment du rapport sexuel. Il y a beaucoup de bonnes raisons de simuler. Tricher continuellement en simulant des extases fantastiques n'est certes pas la meilleure solution pour l'harmonie du couple. En revanche, parler du plaisir ressenti pour rassurer son amant me semble une démarche positive. Si le rapport sexuel est un moment agréable, pourquoi critiquer ou inquiéter son partenaire ? Le plaisir est déjà un début de jouissance et en s'encourageant mutuellement sur cette voie, les partenaires ont toutes les chances de parvenir au sommet. Lorsqu'une femme conclut le rapport sexuel par cette sentence : « Non, je n'ai pas eu d'orgasme » ou « Non, tu ne m'as pas fait jouir », elle risque de décourager le plus motivé des amants.

Néanmoins, toute douleur, même diffuse, doit être dite, tout d'abord parce que formulée elle sera de ce fait atténuée, mais aussi parce qu'une douleur est toujours un signe. Enfin, si une femme prétend avoir du plaisir alors qu'elle ne ressent rien, tant sur le plan physique que sur le plan émotionnel, elle devra se poser la question. Car le pire n'est-il pas de se mentir à soi-même ? Avec un tel comportement, elle perd et fait perdre du temps à son partenaire. L'homme a du mal à intégrer qu'elle puisse se satisfaire d'un rapport sexuel agréable alors qu'elle n'a pas eu d'orgasme. Toujours à cause de cette fâcheuse tendance à calquer son fonctionnement sur celui de l'autre ! Mais est-il si utile de lui expliquer ? Lorsqu'on dit à un homme : « Oui, j'ai eu beaucoup de plaisir », la plupart du temps il entend : « Oui, j'ai joui. » Personne n'a triché et le couple est apaisé. Ensuite, la femme donnera les indications nécessaires pour que le plaisir augmente au fur et à mesure des relations sexuelles, et avec un petit peu de chance, la jouissance sera un jour au rendez-vous.

J'entends les hommes témoigner. La majorité cherche à comprendre les femmes. Ils sont même beaucoup plus curieux aujourd'hui de notre mystère, de notre nature profonde. La preuve, de plus en plus d'ouvrages concernant la sexualité féminine sortent en librairie. Tous les jours, les auditeurs me posent des questions sur leur compagne, sur son attitude, et nombre d'entre eux ont déjà une vague idée de la réponse. Seulement, beaucoup de femmes changent de comportement au cours de la relation. Elles ne savent pas vraiment ce qu'elles veulent, se plaignent-ils, et ils n'ont pas tout à fait tort, ces maris perdus. Car leur épouse ne veut pas toujours la même chose ! Au début, elle rêve d'une fusion totale et elle est ravie que son compagnon soit à la fois protecteur, capable de combler tous ses manques et ses besoins ; ensuite, elle aspire à autre chose. Trop souvent, la petite fille soumise face à ce héros tout-puissant se transforme en matrone exigeante. Et l'homme tombe dans le panneau, devenant à son tour un petit garçon docile. Comment, dans ces conditions, la relation peut-elle se maintenir ? Chacun a le sentiment de s'être trompé ou de s'être fait avoir. Après la passion, vient le temps de la désillusion. Certains psychothérapeutes affirment qu'il faut tomber amoureux une seconde fois. Je préfère signaler que la relation doit être entretenue en toute conscience. Seul un travail de longue haleine construit un lien entre deux êtres. L'amour, sentiment mouvant, changeant, subtil, ne suffit pas à maintenir le couple. La vie est tout de même plus facile à deux, l'être humain n'étant pas un animal solitaire. D'ailleurs, les couples qui ont traversé des épreuves et ont su les surmonter le savent bien. Ce qui ne les détruit pas les rend plus forts.

Si les hommes assimilaient la toute récente libération féminine, peut-être sauraient-ils mieux s'adapter à cette évolution et se respecteraient-ils face à leur épouse devenue dominante. Mais les événements se sont déroulés si rapidement ! Dans les années 1950, le pouvoir leur appartenait encore totalement, leur épouse n'avait pas de compte en banque, pas de contraception, pas d'autorité parentale. En moins d'un demi-siècle, la société les a dépossédés et les moins préparés se sentent perdus. S'ils réagissent à contre-courant, ils ont de fortes chances, au mieux de se passer de relations sexuelles, et au pire de perdre leur épouse. Pourtant, en règle générale, l'homme se plie beaucoup mieux aux contraintes du couple, acceptant la tiédeur de l'amour, et même la diminution des rapports sexuels. Pourquoi les femmes ont-elles plus de mal ? Sans doute parce que la plupart sont restées des petites filles qui croient encore aux contes de fées. Au moindre signe de désamour, elles sont prêtes à partir avec le premier qui leur promet monts et merveilles, abandonnant parfois mari et enfants pour, bien sûr, le regretter quelques mois ou quelques années plus tard. Sans compter toutes celles qui sont encore sous la coupe de leur mère et rêvent de fusion idéale, à moins qu'elles désirent se venger des hommes qui ont tant fait souffrir leurs aïeules. Combien d'hommes et de femmes règlent dans leur couple les comptes des générations précédentes !

Finalement, ce vieux dicton : « Avant de l'épouser, regarde sa mère ! » est toujours d'actualité. Mais il serait plus juste de conseiller aux hommes : « Avant de l'épouser, sépare-la de sa mère ! » La critique est sévère pour l'homme qui appelle sa mère tous les jours, mais la femme qui, à trente ans passés, téléphone tous les jours à la sienne sera considérée comme une bonne fille. Pourtant, mère ou belle-mère mettent autant en danger le couple. Comment, en tant que femme, se détacher de sa mère si l'on reste dans une trop grande proximité ? Pour devenir adulte et mature face à son conjoint, il est nécessaire de prendre de la distance. Certains auditeurs restent sous l'influence de leurs parents et ratent leur vie affective.

Éric a quarante ans, mais il n'a pas su se libérer des contraintes familiales. Son témoignage révèle sa souffrance : les deux femmes de sa vie l'ont quitté. Sa maîtresse, qu'il fréquentait depuis six ans, vient juste de rompre alors qu'il avait enfin entamé une procédure de divorce. Elle vit aujourd'hui avec un autre homme à quelques kilomètres de chez lui. Éric veut comprendre. Très souvent, l'auditeur attend des explications sur l'attitude de l'autre sans envisager de se remettre en question, sans doute parce qu'il en est incapable, cela fragiliserait son équilibre. Pourtant, je l'engage sur une autre piste : pourquoi avoir hésité si longtemps à quitter son épouse ? Sa réponse pourrait se résumer en un seul mot, « peur ». Que se cache-t-il derrière cette crainte ? La peur du regard des autres, le jugement de ses parents, de son épouse, de ses enfants. À force de gérer sa vie par rapport aux autres, Éric a tout perdu. Ne serait-il pas temps, justement, de vivre en adulte et de prendre ses responsabilités par rapport à lui-même ? De toute façon, cet auditeur n'a plus le choix. Concernant sa maîtresse, il est clair qu'il ne l'intéresse plus puisqu'elle a gagné la bataille. Quoique ! Son partenaire actuel est lui aussi marié, les histoires se répètent justement lorsque nous ne savons pas nous conduire en adulte...

Cette femme ne sait sans doute pas non plus trouver le bon partenaire. Sans doute n'a-t-elle pas eu une mère qui l'a aidée à devenir autonome en tant que femme et à faire confiance à un homme disponible. Combien d'amants mariés devra-t-elle aimer avant de trouver un compagnon avec lequel elle pourra s'investir et fonder une famille ? Si la mère reste proche de son fils, en général celui-ci se libérera en se construisant dans sa masculinité, alors que si elle demeure proche de sa fille, celle-ci risque de rester dans son ombre. Bien sûr, la femme devrait apprendre à quitter sa mère, mais si celle-ci n'a pas eu la vie de femme à laquelle elle aspirait, elle tentera de maintenir un lien pervers. Cette coalition féminine contre la gent masculine existe depuis si longtemps, mais que de souffrance de part et d'autre ! Si seulement les hommes avaient le courage de nous aider à nous démarquer de nos mères en nous rendant femmes, en nous montrant à quel point nous sommes entières. Tous les jours, je tente de leur prouver qu'ils en sont capables, car ils possèdent des trésors de ressources, de douceur, de féminité. Le couple de demain ne doit pas devenir l'inverse de ce qu'il était depuis des millénaires, avec une épouse dominatrice face à un demi-époux. L'homme doit rester debout, sans peur et sans reproche, tout en nous laissant nous épanouir à ses côtés.

Afin d'aider l'auditeur à mieux comprendre ses parts féminine et masculine, je me permets parfois cette comparaison avec nos deux animaux domestiques préférés. Après tout, qui mieux que toutou ou matou peut répondre à nos désirs les plus archaïques de fusion ? Ainsi, le chat, ou plutôt la chatte, symboliserait le féminin. Celle-ci, plus sensuelle, plus passive, capable de vivre l'instant présent, mais aussi plus attachée à son intérieur qu'à son maître, s'oppose au chien plus actif, plus direct, mais surtout plus lié à sa maîtresse qu'à son domicile. Personnellement, j'ai toujours été plus attirée par les chiens. J'aime leur capacité à donner, leur dévotion me rassure. Le chien est capable de tout pour son maître, il lui voue un amour inconditionnel tout en étant complice de ses jeux. Tandis que le chat attend beaucoup, son propriétaire doit lui fournir le gîte et le couvert comme le ferait une mère. Il sait quémander sa nourriture par des postures et des miaulements affectueux, n'hésite pas à s'imposer sur nos genoux pour obtenir les caresses au moment désiré. En revanche, inutile de compter sur lui à l'heure de sa sieste. En quelque sorte, le chien habite chez nous, mais le chat nous héberge ! Compte tenu de ces comparaisons, certes un peu caricaturales, suivant notre préférence pour l'un ou pour l'autre, auquel évidemment nous nous identifions plus ou moins, nous saurons quelle relation, plus ou moins consciente, nous entretenons encore avec notre mère et ce que nous attendons de l'autre, le tiers, dont le premier fut bien sûr le père. Si je préfère le chien au chat, s'il est vrai que je supporte mal le mensonge, je n'attends en revanche pas tout de l'autre ; je n'ai nul besoin de me sentir protégée ou entretenue. J'aspire davantage à une relation de confiance et de complicité, de fraternité, que j'entretiens aussi bien avec mon partenaire qu'avec mes amis.

Or les hommes ont plus une attitude chien. Ils ont appris à compter sur eux-mêmes et n'attendent pas de leur compagne qu'elle les assiste ou les entretienne. D'ailleurs, certains supportent assez mal que leur épouse gagne mieux leur vie qu'eux. Mais en amour, ne sont-ils pas parfois prêts à devenir chien pour leur compagne ? La chanson culte de Jacques Brel *Ne me quitte pas* l'illustre parfaitement. Être prêt à devenir l'ombre de notre chien. N'est-ce pas une abnégation totale ? Combien d'auditeurs m'appellent au secours, témoignant qu'ils sont prêts à changer, prêts à tout pour qu'elle ne les quitte pas ? Si seulement elle leur revenait ! Mais quelle femme voudrait d'un caniche, d'un labrador ou même d'un dogue allemand comme amant ? Un homme qui perd sa compagne, même s'il ne l'a pas forcément aimée comme elle l'aurait voulu, devient chien malheureux aux yeux de cocker. Abandonné, il lui faudra ensuite bien du temps avant d'accepter d'être adopté par une nouvelle maîtresse ! Ce raccourci un peu osé est pourtant terriblement juste. Il n'est guère étonnant dès lors que nous ayons autant de mal à nous entendre.

Les hommes doivent intégrer le comportement félin de leur compagne. Lorsque l'un d'eux ne sait pas donner à sa partenaire ce qu'elle estime mériter, la nourriture affective, l'attention au moment désiré, alors comme le chat mal nourri et mal caressé s'évade, la femme cherchera un autre maître plus apte à la combler. Le fonctionnement d'un chien est bien plus simple. Le langage est clair : lorsqu'il remue la queue, on sait qu'il est content, tandis que le chat, par cette même mimique, nous indique qu'il est en pleine hésitation. J'aime de plus en plus les hommes parce qu'ils sont francs du collier. Bien sûr, certains sont bêtes, comme ces auditeurs qui ne peuvent pas comprendre leur femme parce qu'ils n'ont qu'un seul mode d'emploi, le leur. Pourtant, si nos courts échanges radiophoniques me laissent parfois sur ma faim, avec la crainte que mes mots aient été vains malgré tous mes efforts pour leur fournir des comparaisons imagées fort basiques, je sais maintenant que beaucoup m'auront entendue. Le soir, ils rentreront chez eux avec un peu plus d'attention pour cette chatte qui sort les griffes quand ils croient pourtant agir en bon toutou. Ensuite, avec un peu de chance, si la chatte cesse de faire le gros dos et accepte de se blottir entre les pattes un peu gauches du saint-bernard, ils pourront ensemble faire un câlin sur le canapé avec ronronnements et grondements de plaisir.

Après tout, chiens et chats, hommes et femmes, tous aspirent à être heureux. Une nourriture savoureuse, des caresses voluptueuses et un peu de bonheur. Observez comme nos animaux savent profiter de l'instant présent, comme ils savent nous pardonner nos injustices, nos réprimandes parfois un peu excessives, nos sautes d'humeur lorsque nous rentrons fatigués et énervés d'une journée harassante. Ils laissent passer l'orage et reviennent un peu plus tard pour une caresse que nous leur offrons avec plaisir. Savez-vous que les personnes qui possèdent un animal domestique sont moins malades et moins stressées ? Justement parce que ces échanges corporels sans calcul, sans lutte de pouvoir, apportent l'amour indispensable à notre bien-être. Alors, si les femmes savaient caresser leur homme dans le sens du poil et si les hommes savaient cajoler leur femme, peut-être cette lutte des sexes pourrait-elle prendre fin ?

Au final, qu'est-ce qui est le plus important ? Est-ce d'être le plus fort, le plus intelligent ou le plus heureux ? Je me suis longtemps posé la question de l'intelligence. J'ai très certainement souffert du complexe « Sois belle et tais-toi ». J'ai lutté pour prouver que je n'étais pas uniquement une blonde ! J'ai connu de nombreux hommes brillants, intelligents, des hommes de pouvoir au sommet de leur gloire, mais j'ai finalement rencontré très peu d'hommes heureux. Sans doute parce que l'humain ne sait pas se contenter de ce qu'il a.

Mes auditeurs témoignent parfois de leur bonheur conjugal, ils semblent heureux et sans histoires, et pourtant leur discours me donne rarement l'occasion de les croire. J'ai plutôt l'impression qu'ils ont « fait avec », comme on dit. Acceptant de faire l'impasse sur de nombreux aspects de la vie. Certes, à trop le vouloir, le bonheur nous échappe, mais y renoncer ne rend pas plus heureux.

Un amour sans histoires est souvent sans passion et sans désir. Ainsi, ces auditeurs savent se contenter de ce qu'ils ont, c'est déjà bien, mais le bonheur existe. Certains de mes invités, certaines rencontres m'ont permis de croire à un bonheur plus profond. Cela consiste à « être », tout simplement. Et c'est justement ce qu'il y a de plus compliqué puisqu'il est alors nécessaire de stopper notre intellect. Cela passe par l'intelligence du cœur. Or l'intelligence du cœur ne peut être possible qu'à partir du moment où nous avons fait la paix avec nos peurs et nos rancœurs. Nos peurs s'inscrivent dès l'enfance et pour les dépasser, il faut oser affronter l'Autre. Ces auditeurs au bonheur simple ont sans doute eu la chance de n'avoir pas eu trop de peurs à dépasser, et dès l'adolescence la rencontre avec un ou une partenaire a pu se faire sans une trop grande lutte de pouvoir. Mais la plupart gardent leurs peurs au creux du ventre. Ni l'intelligence ni la force ne permettent de les surmonter. L'amour, en revanche, a cette capacité de diminuer nos peurs. À condition qu'il soit amour véritable, celui qui prend source dans notre bas-ventre pour monter jusqu'à notre cerveau.

Tous les jours, sans relâche, je répète à mes auditeurs qu'il n'y a pas de cœur sans sexe ni de sexe sans amour. Ce message nous a été transmis par certains courants spirituels de l'après-1968, les hippies l'ont repris à leur manière. J'ai longtemps eu du mal à comprendre pourquoi ces discours aussi essentiels à notre bien-être avaient entraîné une dérive pornographique. Aujourd'hui, je pense que la femme n'était pas encore prête pour cette évolution. Il lui fallait bien une bonne trentaine d'années pour qu'elle se libère dans son corps afin de pouvoir supporter une telle révolution des sens.

Après Mai 1968, les femmes de pouvoir ont jeté l'anathème à ces quelques femmes libérées. Peu de féministes aiment les hommes, la plupart les maltraitent bien plus que les hommes n'avaient maltraité les femmes. Mais elles n'épargnent guère leurs consœurs. Punissant les amantes libres sans enfant, les prostituées, les actrices pornographiques. Aucun homme ne m'a agressée autant que certaines de ces femmes. Elles nous jugent, nous qui nous servons de notre corps comme instrument de plaisir, comme si notre ventre n'existait que pour enfanter.

Aujourd'hui, trop de femmes se vengent des hommes au lieu de faire la paix. Une nouvelle guerre a été déclarée. Et c'est pourquoi certains hommes tentent de garder le pouvoir en avilissant encore et encore le corps des femmes, dans la publicité bien sûr, mais surtout dans le cinéma pornographique. En 1975, lorsque la pornographie est née, les scénarios racontaient des histoires d'épouses mal baisées qui se rendaient libres en prenant des amants. La pornographie à laquelle j'ai participé libérait la sexualité de la femme. À présent, la pornographie se sert du corps, de son corps, qui ressemble de plus en plus à une poupée gonflable, aucun trou ne devant être épargné. Certains hommes, et malheureusement certains adolescents en pleine construction psychique, regardent ces images en se masturbant et en rêvant d'un monde où la femme serait un peu plus disponible, plus soumise, mais aussi moins castratrice.

Heureusement, beaucoup d'hommes ont aidé les femmes à se libérer, un grand nombre désire trouver un compromis équitable. C'est pour eux et avec eux que je continue à communiquer deux heures par jour. S'il nous faut deux ans pour apprendre à parler, il faut bien toute une vie pour apprendre à écouter, et combien plus encore pour aimer vraiment. En tout cas, c'est dans la solitude, ou plutôt dans la rencontre avec moi-même, loin de Paris et de toutes ses pensées parasites, en prenant du recul avec ma famille et ses attachements, que j'ai perdu l'illusion de l'Amour idéal. J'ai accepté l'autre dans ma vie pour ce qu'il est. Bien sûr, il m'arrive souvent de me révolter contre cet autre qui, justement, n'est pas tel que je le voudrais. Passionnée j'étais, passionnée je resterai, car sans passion je sais que je risque de m'éteindre très vite. C'est cette passion qui me permet encore, après toutes ses années, de continuer...

Mis en pages par DV Arts Graphiques à La Rochelle,
cet ouvrage a été achevé d'imprimer
sur Roto-Page
par l'Imprimerie Floch à Mayenne
pour le compte des Éditions Anne Carrière
104, bd Saint-Germain 75006 Paris
en février 2009

Imprimé en France
N° d'édition : 505 – N° d'impression : 73288
Dépôt légal : mars 2009